歴史文化ライブラリー

204

自然を生きる技術

暮らしの民俗自然誌

篠原　徹

吉川弘文館

目次

1　雲海の村の暮らしと自然

雲海の村の暮らしと自然――プロローグ

雲南

彩雲の地とも呼ばれ、広西《こうせい》省、貴州《きしゅう》省、四川《しせん》省そしてチベット自治区に囲まれた中国の南西部の端にある雲南《うんなん》省の南にある小さな村から話をはじめてみたい。雲南省は西側はミャンマー、南はラオスとヴェトナムと国境で接している。国境は人為的なものだが、いかにも国境らしく山脈が中国と他の国を分けている。もっとも山脈を抜けてメコン川、サルウィン川が東南アジアに向かっているし、紅河《こうが》は南の山岳を抜けてヴェトナムのハノイに向かう。雲南省は巨大河川の源流域にあたり、中国国内では揚子江《ようすこう》もここから流れ出ているのである。小さな村は、雲南省の南、ヴェトナムとの国境近くにある。

紅河州はタイ族、ハニ族、ラフ族、ヤオ族、ミャオ族、イ族などの人びとが多く住み、漢族は少ない地域である。雲南省の省都、昆明《こんめい》から南へ、かつて人類学者、鳥居龍蔵が馬を使って困難な踏破をやってのけた石林《せきりん》や弥勒《みろく》を通り、車は舗装道路を一気に箇旧《グーチユウ》市まで走る。鳥居龍蔵の踏破は二〇世紀初頭のことであるが、現代の中国とは隔世の感がある。このあたりで一泊したほうが目的地の金平《ジンピン》自治県の者米《ジエーミー》に行くには都合がいい（本書では、中国の地名などは、日本でなじみのあるものはひらがなのルビ、なじみのないものは中国音に近いカタカナのルビをふる）。ここは錫《すず》の産地である。近くにもう一つ大きな町である蒙自《モンズ》がある。ヴェトナムがフランスの植民地であった時代には錫と商業の利権をめぐり雲南のほうまで手を伸ばしていて、狭軌《きようき》の鉄道もハノイと結ばれた。そのため今は小さな地方都市だが、かつては栄えていたらしい。このあたりの事情は石島紀之の『雲南と近代中国――〝周辺〟の視点から――』（青木書店、二〇〇四年）が詳しく教えてくれる。最近はまた中国の経済成長により昆明と東南アジアの貿易や人の往来は激しくなっていて、中国の辺境というイメージとはほど遠いのが現状である。

雲南省では、麺《めん》といえば、米で作った米線《ミーシエン》というのが普通である。科挙《かきよ》試験のために勉強していた夫に熱く栄養のあるものを食べさせるために妻が工夫したという過橋米線《クオーチヤーミーシエン》の

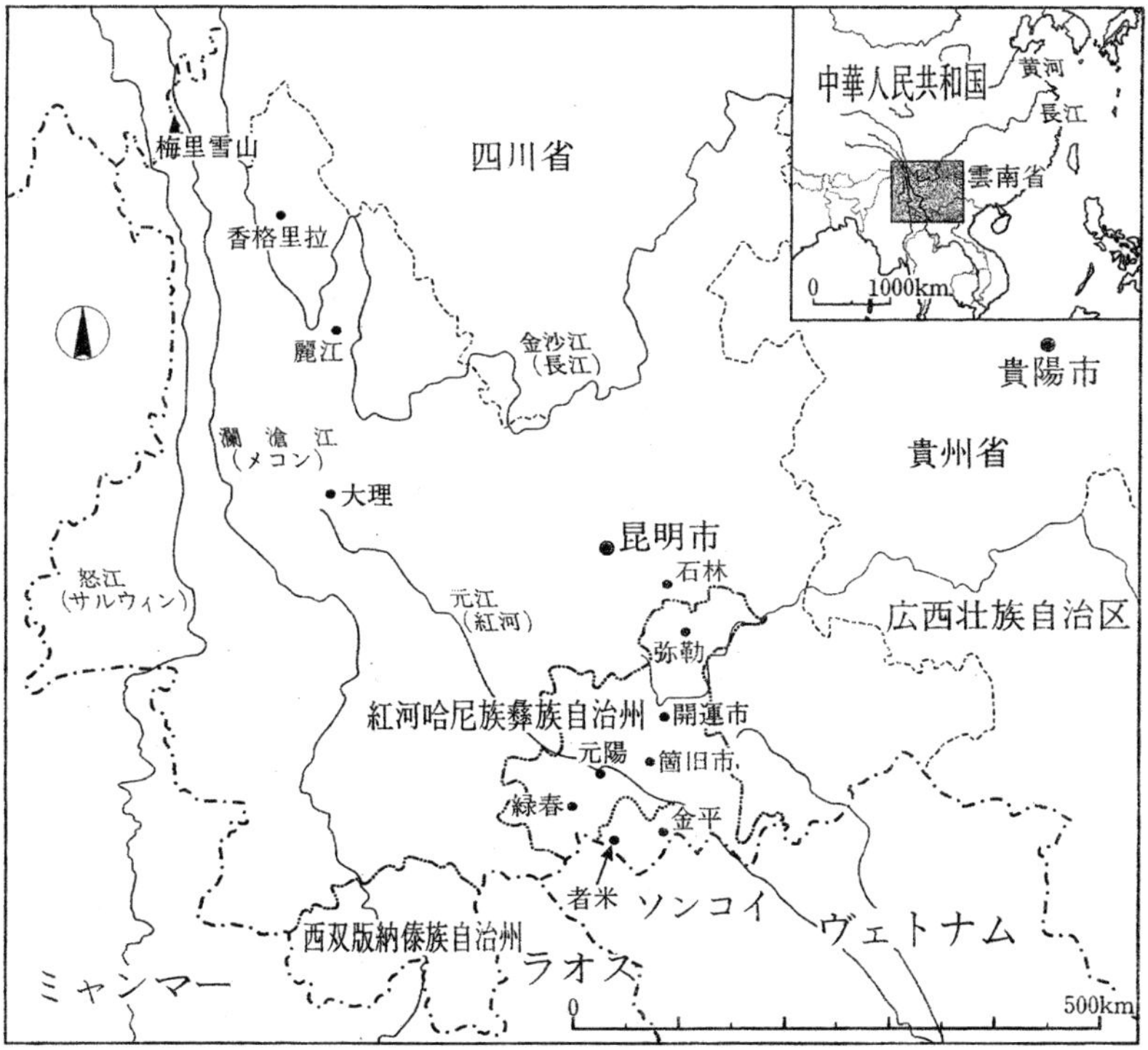

図１　中国雲南省と者米郷の位置

由来の地になったところがこの蒙自である。この箇旧市や蒙自市はかなり高いところに位置しているが、車はここから一気に紅河まで一〇〇〇メートル以上下っていく。下っていく道路の両脇の景観はイ族の人たちが作る耕して天に至る棚田《たなだ》が展開する。

紅河に至るともうそこは標高は一五〇メートル程度で亜熱帯であるはずである。亜熱帯であるはずといったのは、紅河は山を開削し直線的にハノイまで流れるが、周りの山は結構高いが森林がほとんどなく、山の斜面は畑になっているから、ただ暑いということ以外に景観的には亜熱帯であることはわからないからである。それでも畑に植えられているバナナやライチ（ムクロジ科 *Litchi chinensis*）あるいはサトウキビそしてキャッサバ（トウダイグサ科 *Manihot esculenta*）などの作物が亜熱帯らしいといえば亜熱帯らしいというだけである。

紅河に沿ってかなり整備された道路を一時間半くらい下ると蔓耗《マンハオ》という本当に小さな町にでる。このまま紅河を下れば、河口《フウコウ》というヴェトナムとの国境の町に行く。そこでは標高はもう七〇メートルしかないそうだ。

調査地の景観

この蔓耗に紅河州金平県に入る橋が架かっていて、そこではまだ検問があり、辺境通行許可証の提示が求められることがある。ときどき公共バスなどを止める軍人が検問所にいる。このあたりの山の斜面はいたるところ畑であるが、剝き出しの土は赤く、一見してラテライトであることがわかる。ここからハニ族の多く住む阿得博《アダボ》という峠のある町まで一気に登っていく。阿得博では元陽《げんよう》にも劣らないほどの棚田が展開しその姿は壮観である。峠は、しばしば霧に包まれるが標高二〇〇〇㍍ほどであろうか。峠を下ると金平県の中心地、金平に着く。この町では、さまざまな民族衣装を普段着として着ている多くの少数民族に出会うことができる。中国では少数民族であるかどうかは国家が認定する仕組みになっている。けれどもここで今後使う民族名は、彼ら自身が名乗っている民族名であることを断っておきたい。同時に、以下植物名が出てくるが、日本でなじみのものはカタカナ名で記し、できるかぎり学名を括弧内に記しておいた。和名にないものは学名を括弧内に入れておいた。また、方名（以下、地域の植物方言名のことを方名と表現する）を先に記し、括弧内に和名を入れておき、科のレベルでわかるようにしておいたものもある。

町の市場に行くと近辺でとれた豊富な農作物とあでやかな民族衣装に圧倒される。ここから目的地の者米まで約三時間、二つの大きな峠を越えていく。勐拉《モンラー》という金平に次いで大きな町を過ぎると舗装道路ではなくなり、地道になる。勐拉は早くから換金果樹を導入した地域であり、山麓のパラゴムの林と河岸段丘《だんきゅう》などを利用したバナナ園が見事である。

このあたりの農村が今回の調査のカウンターパート（調査対象国の共同研究者）になってもらった雲南省雲南民族大学の和少英教授が長く調査しているところである。

二つ目の峠あたりにはミャオ族が住んでいて、これまた見事な棚田を作っている。峠の下にはヤオ族がいて、このあたりのヤオ族は金平近くのヤオが頭に女性が赤い三角の帽子を被《かぶ》っているのとは違う支族らしい。者米川に沿って道はあるが、川沿いにあるのは決まってタイ族の集落である。タイ族の人たちは水のあるところに集落を作る傾向があるといわれている。水辺に家屋を作るからであろう高床式の家であり、二階の出入り口には竹製の大きなベランダが突き出ていて人びとはよくここで仕事したり涼んだりしている。女性は長い色鮮やかな巻きスカートをしていて、優雅である。河岸段丘上に緩やかな勾配《こうばい》の棚田水田を作り、河川ではかつては漁撈《ぎょろう》も盛んにおこなっていた。水田の一部は換金作物として値のいいトウガラシを大々的に作っていた。しかし、二〇〇四年五月に調査に行ったときはトウガラシの畑はバナナ畑に変わっていた。農民に土地を借り、バナナ畑を請け負って貰う会社が出現したという。中国は現在進行形で急激に変化していることを念頭におかなければならないことを痛感する。

者米川の両脇には山が迫っていて、南側は大きな山塊が聳えている。山の上部は鬱蒼と

図２　阿得博にあるハニ族の棚田

集落は棚田の上にあり、その上は二次林になっている。

図３　勐拉に買い物に来ている紅頭ヤオ（三角帽子の人）と沙ヤオ（脚絆の人）

沙ヤオの人は峠を越えてヴェトナムから来ている可能性が高い。

した森林であることは川からみてもわかる。北側は下はパラゴムの林、上にはトウモロコシやキャッサバの畑が急斜面に植えられている。段々畑ではなく、斜面の畑である。北側一帯は、これ以上開発できないほど開かれている。北側の斜面はかなり急勾配のため川からみえる集落は少ない。それでもかなり高いところにイ族とハニ族の人びとの集落が二、三ある。実は、この斜面を越えた山の中にはかなりの集落が存在する。この谷に住む少数民族の分布は共同で研究している西谷大《まさる》さんと歩き回って地図を作ってみた（図4）。

南側のヴェトナムとの国境をなす山稜の中でもっとも高い西隆山《シーロンシャン》（三〇七四メートル）はみえない。者米川沿いにみえる山で最も高いのは大冷山《ダーロンシャン》である。標高は二五〇六メートルである。雲の中にあることが多いが、晴れ渡った日にみると山頂近くは双子峰になっている。川からはみえないが、実はこの大冷山の山腹の森林の中に現在調査中の村、梁子寨瑤《リヤンズツァイヤオ》一隊がある。

さて、者米は者米ラフ族郷の中心地である。六日に一回、この町で定期市が開かれる。町にはレストランもある。常設の電気製品とか服地とか食料品などを売る店がだいたい揃っている。もっとも定期市以外の日は閑散としていて、道路などは収穫した稲籾《もみ》を干したり、キャッサバの切ったものを干したりする場に変わる。この者米郷の招待所を調査の拠

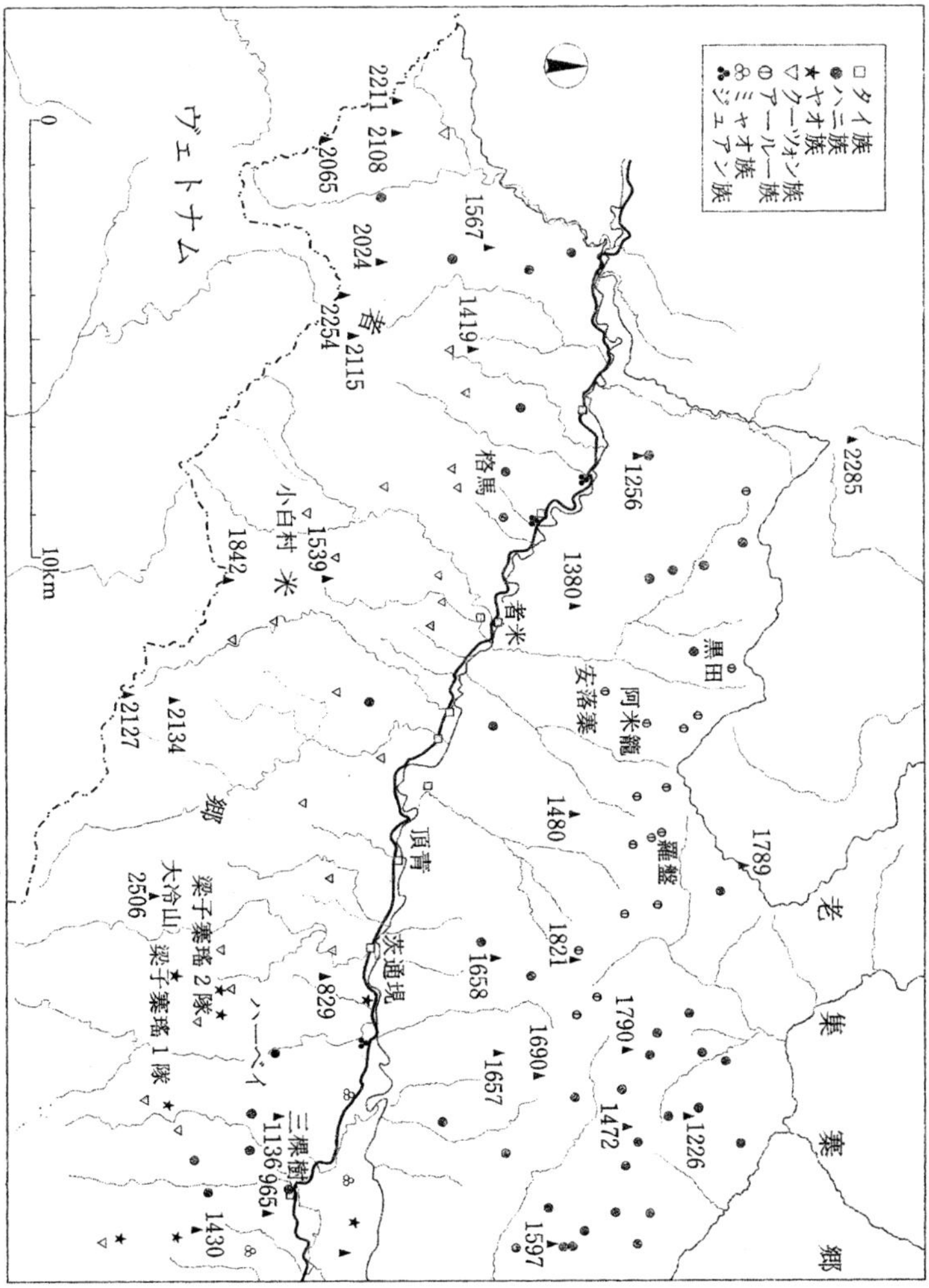

図4　者米谷の少数民族の分布状況

点として使用させてもらっている。

少数民族の共存

この雲南省の少数民族の生活と環境に関する調査は、雲南民族大学と協定を結んで進めている。者米郷への予備調査には雲南民族大学の和少英教授たちも一緒に来たが、三回目は最初のうち雲南民族大学の刀さんだけが一緒に来てくれたが、数日して帰ってしまった。雲南民族大学とは、村での滞在（村に住むこと）は三ヵ月以内なら大丈夫という合意書を取り交わした。それも私たちが単独であろうが二人であろうが、日本人だけで村に住めるというのは画期的なことである。中国もこうした調査に対して以前とくらべずいぶん寛容になったものである。

者米ラフ族郷となっているのでラフ族が主要な民族であるような印象をもつが、これはかなり政策的なことで、者米川の川沿いにはタイ族が住み、その中に埋もれるようにジュアン族がいる。高いところにはハニ族とイ族（ここではアールー族といい、イ族の支族）、ヤオ族がいる。少数ではあるがミャオ族の村もある。ラフ族は実は最近まで者米川の南側の最も高いところに住んでいた。移動式の焼畑《やきはた》をしていたらしい。川沿いに住むタイ族の人など、彼らが山の中で移り住むとその地域一帯が黄色になるので彼らがいることがわかったといっている。焼畑のため山を焼くので、周辺の植生《しょくせい》が変化するので景観が変わるのであろう。現在ではもちろん中国の国家政策によって民族間の衝突は禁止されているだろう。だが、この話を聞いたとき、たとえそうしたことがないとしても、異なったエスニック・グループが日常的に接触する近い距離に生活していても共存しうるものなのだと思った。しかも、小さな者米谷だけでも六つの少数民族の集団が存在している。後に述べるエチオピアのコンソ社会も周囲は別のエスニック・グループに取り囲まれているが、いずれのエスニック・グループも一定の地理的な領域をもっていて、錯綜《さくそう》することはない。こうした事態が、エチオピアでは平面的な分布ゆえに、あたかもテリトリーのようになり、者米谷が垂直的な山と谷という構造をもっているゆえに混住しうるのであろうか。これも将来考えてみたいと思った。

ラフ族に対してこの一〇年で中国政府は彼らの定住化政策を強力に進めてきた。彼らのために家の建設と水田の開発に補助を与え、定住化を促進してきたが、そうした定住化政策によってできた新たな集落が、者米川からみえる位置にかなりある。この郷が者米ラフ族郷となっているのは政治的な理由によっていて、郷長もラフ族（者米郷ではクーツォンといっている）出身の人である。

者米川を金平側に少し下流へ戻ると茨通壩《ツートンバー》というタイ族の村がある。者米川沿いには金

図5　政府の定住化政策で山を降りたラフ族の集落

図6　標高1000メートルの者米谷にあるヤオ族の村、梁子寨瑶二隊
二次林に囲まれた中に村や棚田や畑がある。

図7　者米谷に聳える標高2500メートルの大冷山
この山の中腹にヤオ族の村がある。谷の手前はアールー族の棚田（西谷大撮影）。

平からバスが出ているので川沿いの村への移動はなんとかなる。しかし、者米川の両側にある山塊の中への村は歩いていくしかない。ここからタイ族が作っているパラゴムの林を抜けると者米川を一望することができる。朝早く茨通壩を出発するといつも霧の中をしばらく歩くことになる。それを抜けると者米川の谷全体が雲海に覆われているのを上からみることができる。山歩きの至福を味わう。

雲海が晴れると緩やかな棚田とトウガラシの畑を背後にした川沿いの茨通壩のたたずまいがみえる。豊かそうな村である。そして反対側の山の同じ目の高さに、クーツォン族の六七新寨《シンツァイ》がある。川沿いが五〇〇㍍前後、この位置が七〇〇㍍前後である。

ここからさらに二時間ほど登ると川からはみえないが、ヤオ族の梁子寨瑤二隊という村がある。そして見上げるとさらに上にクーツォンの老楊寨《ラオヤンツァイ》があり、平行した高さに別の峰の突端にヤオ族の梁子寨瑤一隊がある。その上には、双子峰である大冷山が屹立《きつりつ》している。梁子寨瑤二隊を少し東に下ると同じヤオ族でも言葉がほとんど通じないといわれる紅頭ヤオ族の新村がある。先に述べたようにこのあたりの谷は異なる六つの少数民族が棲み分けている。どうしてこのようなことが可能なのか不思議である。対立ではなく共存によって文化的に細かく棲み分けているといえる。

民俗自然誌からみると

そして、北側のイ族やハニ族の徹底した棚田開発とは違って、集落の周りは雑木林が広がっている。奥の山はテナガザルやイノシシも多いという大森林が広がっている。村人によればトラもいるという。この雲海を突き抜けた上にある村は、里山に囲まれていて奥山は自然林なので自然利用の豊富な知識と実践があることは予想できた。開発と自然のほどよい調和というのは景観にも表現されていて、景観には生活やその村の歴史が埋め込まれているものだ。

この村にすでに二回ほど訪ねたが、これから頻繁に訪れるだろう。村の人たちが棚田や

図８　ハニ族の元陽保鋪村近くにある壮大な棚田

畑そして雑木林あるいはもっと奥の山とどういうつきあい方をしているのだろうか。今、なんとなく疑問に思ったり、不思議だと思っていることの答えはなかなかみつからないかもしれない。しかし、それは民俗自然誌は何に関心をもっているのかという初発の問いである。次章以降いくつかこの問いに答えることになるけれども、この初発の問いそれ自身こそ、民俗自然誌の存在理由なのではないか。

元陽の棚田をどう形容するかは人によって異なるであろう。村のある山稜のかなり上から谷の下まで造形の妙《みよう》としかいいようのない水田は、畦《あぜ》の閉曲線で区切られている。いったい誰がどのように作り続けてきたのか。元陽では季節によってはこの畦にはダイズが植えられ、乾季の数千枚いや数万枚の鏡のような水だけの棚田とはまた趣が異なる。自然改変の極致のような棚田にみとれているばかりいるわけにはいかない。考えだすといくつもの疑問が湧きでてくる。元陽ではやはり同僚の吉村郊子さんがハニ族の倮鋪《グオプー》村の調査を始めているので、やがてその疑問も解けるであろう。

水配分の知恵

者米郷の北側は老集寨《ラオジーツアイ》郷なのだが、阿米籠《アミロ》まで歩けばもうそれは元陽の棚田と見劣りしない。金平から元陽地域にかけてはどこもこうした棚田が展開している。これらの棚田をみれば誰しも水は十分足りるのだろうかと思うだろう。というのは棚田の上部にある山は水源涵養林《かんようりん》としては貧弱な森林なのである。現在、貧弱にみえる森林が疎林化すれば、棚田には水を供給できないはずである。おそらく、森から薪《まき》を採ることや樹木の伐採には何らかの規制に関する慣習があるのであろう。また少ない水をどのように村々や家々で配分しているのだろうか。前述した阿米籠まで歩いたとき、途中カピ（アール族の村の名で、対応する漢字はない）の出作り小屋が集まっているところがあった。ここで実に巧妙な水の配分システムをみた。これを図で示せば、図9のように一目瞭然であるが、小さな灌漑《かんがい》してきた流れを板に同じ矩形《くけい》の窪みをいくつか作り分流さ

図９　アールー族のカピ村にある分水システム
最初七つに分かれ、さらに三つの支流に分かれる。その下流でさらに細かく分かれ、やがて水は棚田に入っていく（西谷大撮影）。

せる。この板の上を通った水は決った比率で分けられる。さらに分流した流れが、同じように板で仕切られ、板に矩形の窪みがいくつかあって、その下でまたある比率で分流する。分流が二回あるいは三回繰り返されると板の矩形の窪みは小さくなっていく。こうして、厳密な比率で分流が作られ、最終的には個人や家の棚田に水が分配されるようだ。

この水の配分システムも観察していてわかったことだが、板の高さを越えて水があるときは、この板の矩形による水の配分システムは有効ではない。これが意味をなすのは、むしろ水が少ないときに厳格に水が配分されるはずである。問題は、灌漑はどのように作られ、どのように管理されているかである。また水源はどこかということである。分水システムの最初は七つの矩形の窪みがあり、それが四対三の水量で水が二つに分けられている。この四対三が何を意味するのか。この分水システムのあるカピ寨は阿米籠と老寨からの開拓でできた村らしい。したがって、この四対三はまずその二つの村の構成比の可能性がある。その後の分水は親族組織や家族数などに依存して決められているのだろう。このことは現在、共同研究を一緒に進めている西谷大さんがおそらく明らかにしてくれるもの思う。

二〇〇四年の五月から六月の雨季の始まりの調査では、共同で調査を進めている西谷さんと私は灌漑用水の水源が村から五㌔以上離れた小さな沢からとられていることを確認した。一本の沢の水をいかに有効に使うか。それは自然の資源としての水を村人がどのように認識し、それに対してどのような慣行をもっているのか。あるいは政府の政策がそれに対してどのように関与しているのか。この水はたんに稲を育てるだけのものではない。養魚池のティラピアや次章で述べるいわゆる水田雑草（可食水田内・畦畔《けいはん》植物）も育てている。当然水田内にはドジョウやタウナギも生きている。

もう一つだけ調査を開始した梁子寨瑤での自然利用について述べておきたい。梁子寨瑤の標高は約一〇〇〇㍍、者米川から登ること五〇〇㍍である。梁子寨瑤では鄧さん一家の家に泊まることにしている。者米川の北側のイ族やハニ族が徹底して山を畑や棚田に開発しているのと違って、このヤオ族やクーツォン族の混住する南の谷は森林が多い。

取り巻く山々

ヤオ族の人びとの作る棚田は丘陵の先端の緩斜面に作られていることが多いが、これらの棚田は五月に来るとまさに一期作の田植えのシーズンである。標高が高いので一期作しかできないといっている。作っている品種は収量が多いためハイブリッド種も植えている。在来種も各家で保有している。

この棚田は北側の棚田の風景と違って、二次林の中に点在している。それだけ北側と違って緑が多い。そしてこの棚田の上をみると、二次林から彼らがいうところの「原生林」が霧の中にときどきみえる。今まで調査に来ると必ずといっていいほどその地域の最も高い山に登ることにしていたが、ここではまだ果たしていない。山の上から村をみるとその村が自然といかに対峙して生活しているのか一目瞭然である。村の自然に対する生業戦略は、この鳥瞰図《ちょうかん》に表現されている。このヤオ族の村の背後に控えるのは二五〇六㍍の大

図10　ヤオ族の棚田の水牛による耕起
働いているのは雇われたアールー族。共通語はハニ語である。

冷山である。これもヴェトナムとの国境を走る脊梁《せきりょう》の一つの尾根にすぎない。大冷山から続く脊梁の山々は二〇〇〇メートル級の山が続き、最も高い西隆山は三〇六七メートルである。しかも雨季に入りかけた五月ではこれらの脊梁は雲に包まれていてみえない。双眼鏡で雲海のあいだからみえるところをみると、巨木の樹冠が覆いつくしているようだ。どうやら、村の背後の自然は雲霧《うんむ》帯に属しているようだ。

山の植物と豊富な知識

雲霧帯ならサルオガセ類の仲間や着生《ちゃくせい》ランなどが豊富であろうと思った。この雲霧帯まで行ってみようという気になったのは二つの理由がある。一つはヤオ族の一隊の子どもは二隊にある小学校まで通ってくる。これは私の足で登り二時間、下り一時間半の急坂な山道である。雲霧帯直下の二隊の村から通う子どもが実に山の植物についてて豊富な知識をもっていることがわかった。学校の帰りに少し同行したことがあるが、私たちが野生植物利用について関心をもっていることを知った彼らは、次から次に植物をもってきて「食べられる」とか「なになにに利用する」とか事細かく教えてくれるのである。あるときなどは年端もゆかない小さな女の子とその弟が雑木林の中から野生のヤムイモを掘り出してきていた。ついでに採ったと思われる柿の実そっくりの実を恥ずかしげに渡され、彼らの山の実践的な知識の豊富さに圧倒された。

いま一つは草果《そうか》を一隊よりさらに上の原生林の中で栽培しているらしいという情報を得たことにある。草果はショウガ科の仲間で *Amomum tsa-ko* のことである。昆明の庶民の行くレストランに行って肉料理などを注文すると八角茴香《はっかくういきょう》（*Illicium verum*）と同じように香辛料としてよく使われる植物である。八角は中華料理ではごく一般的なもので日本でも中華料理ではおなじみのものである。中国の町やいわゆる中華街での固有の匂いは、八角がその主成分の一つである。草果は中国ではそれほど一般的ではないが、カルダモンによく似た匂いの香辛料である。者米郷では川沿いの集落で六日ごとに廻ってくる定期市が六ヵ

図11　ヤオ族の少女たちが二次林で掘り出してきたヤムイモ

図12　森林の中にあるヤオ族の草果畑（下写真は草果の花）

所ある。一番賑《にぎ》やかなのは郷政府がある者米であるが、不思議なことにこの定期市ではヤオ族の人びとは買い手ではあっても野菜などの売り手にはならない。イ族の野菜、ハニ族の綿の反物《たんもの》、タイ族の豚肉や果物といったそれぞれのエスニック・グループの特徴があるのだが、ヤオはただマーケットでものを買うだけである。この秘密はこの草果にあった。森の奥深くで草果を栽培し、その実は買い付け商人が村まで買いにやってくる。これはいい値段の換金経済作物なのである。彼らはこれで現金収入を得ていた。

雲霧帯の中で草果の栽培は彼ら自身の固有の方法なのか、最近はやりのアグロ・フォリストリー（林間農業）として政府などの指導があったのか。雲霧帯の森林は集体林や国家自然保護区になっているところが多い。いずれにせよ、みに行く必要がある。

五月の者米谷は朝雨が降り午後晴れるといった日が多い。以前来た一一月から一二月は午前中は谷一杯に雲海が垂れ込めた。雲海を突き抜けると蒼穹《そうきゅう》の下にヤオの村があった。雨に濡れながら一隊までヤオの村の村長の案内で登った。一隊からさらに西隆山へ行く道をしばらく行き左に折れる。もう霧なのか雨なのかわからなく、樹冠は閉鎖した森になった。樹種はわからないが、着生ランやサルオガセ類のついた大喬木が現れる。しばらく行くと樹冠を構成する樹木を残し、小さな木を切り払った場所が現れ、霧の中に数年を経たと思われる草果が点々とあたかも森林の下生えのように植えられていた。草果の花は、二メートル近くある根出葉の根元につく。黄色いショウガ科特有の花で明らかに虫媒花である。実をつけているものも多く、アオキの赤い実よりやや大きい実が固まってついている印象である。これがかなり高価で取引される現在のヤオの生活を支えている林産物である。しかも、アグロ・フォリストリーとして樹木を伐採せずに森林を保全できる。

自然を生きる

驚いたことに、この草果のまわりはアイ（*Polygonum tinctorium*）が一面植えられていた。この谷のヤオ族はランティンヤオと自称しているが、このランティンは藍《あい》染めの服と帽子を着けることに由来している言葉である。女性の普段着の衣装は、ほとんど伝統的な藍染めの上下を着ているが、反物はマーケットでハニ族から購入し、藍染めは染料をやはりマーケットで買って自分たちで染めているものと思っていた。事実、マーケットではそうした光景はよくみられた。でも自分たちでもアイは栽培していたのである。

者米谷の山間部に生活するヤオ族は、まわりの自然に関する精緻《せいち》で膨大な知識をもっていることは疑いない。彼らの生活には外部から森林保全の新たな要請があるかもしれない。また、外部からそうしたアグロ・フォリストリーの知識が入っているかもしれない。しかし、この雲霧帯の中で草果やアイの畑は、在来の彼らの知識にそれを受け入れるだけの基盤がなければ可能ではないだろう。昆明で消費される香辛料、草果はおそらくもっと広域で使用されているだろうし、コショウやチョウジ（フトモモ科 *Syzygium aromaticum*）などのように世界中で使われるかもしれない。使う側は、雲霧帯の霧の畑の中で、森林保全と現金収入の葛藤の中で知恵を使ってそれが作られていることなど想像力の埒外であろう。ヤオの人びとの生活世界とまわりの自然の関係の調査は始まったばかりであり、わからないことが多い。やがて雲霧帯や常緑広葉樹林という「自然を生きる」とはどういうことなのか、そのことを現在の人間の生きる方法である「民俗自然誌」として描いてみたい。文化の中に立ち現れる人と自然の関係性を民俗自然誌として叙述する方法は、私が一貫してとってきたものである。

キワタの咲く村の焼畑と水田

中国海南島

海南島の今

調査の契機

アジアの自然と人の関係ということに大きな関心をもったのは、中国の海南島に住む少数民族リー族の生活世界の調査からであった。アジアの自然といっても、その広大さは熱帯から寒帯、湿潤から乾燥を含み、そこで生活する人びとの舞台は多様性に富んでいる。しかし、なんといってもアジアの自然と人の関係の中で重要なことは、生業として水田稲作をおこなう人びとの数が圧倒的なことである。私はいつかこのアジアの水田稲作農耕民の生活世界の研究に回帰してみたかった。私自身の研究は、一九七〇年代から一九八〇年代にかけて日本の農山漁村における人と自然の関係から出発した。そのことはこの本の後半で述べてみたい。次に一九九〇年から約九年間、アフリカのエチオピアのサバンナ・ウッドランドに生活するコンソという畑作農耕民の研究をおこなってきた。この人びとの生活世界は次章で述べる。

海南島リー族の調査は、日本学術振興会・未来開拓研究事業の一環として「アジア地域の環境保全」というテーマのもとに一九九九年二月から二〇〇三年三月まで四年間継続した。この「アジア地域の環境保全」には六つのプロジェクトがあったが、私たちのプロジェクトは東京大学大学院医学研究科教授、大塚柳太郎さんを代表とする「地域社会に対する開発の影響とその緩和方策に関する研究」というきわめて実践的な環境問題に対する処方箋《せん》を要求されるプロジェクトに属していた。私たちが選んだ地域社会は三つであった。それは大塚柳太郎さんをリーダーとするソロモン諸島班、東京大学東洋文化研究所教授の松井健《たけし》さんをリーダーとする沖縄班、そして私をリーダーとする中国海南島班の三つの班でこのプロジェクトは構成された。いずれの地域も、開発や観光の波にさらされ、いわゆる地域に住む人びとの生活世界が大きく変わろうとしているところである。この研究成果についてはすでに公刊されたものがあるので、ここでは多くは触れない。

私自身の研究は、外部から環境民俗学といわれることが多い。しかし、研究の位置づけがどうあろうと、主要な関心は対象を民俗自然誌として描くことであった。みずから自然を利用して生産できないものが、自然と対峙《たいじ》して自然の力を引き出してしまう人びとへの限りない憧憬《しょうけい》を抱いたのがそもそものはじまりであった。

自然を生きる人びとを知るために

こうした自然と格闘する人びとのもっている技術や技能は、背後に自然に関する多大な知識を蓄積している。この知識に裏打ちされた技術や技能こそ、彼らの生きる力にちがいない。この生きる方法とでもいえるものが、人間としての根源的なものと思った。そこには、政治や権力の介入できない本来的な自由が存在するはずである。もちろん、こうした希求が儚《はかな》い幻想であることは、旅や調査が深まるにつれ、わかってきたことであるが。だが、依然として人が動物を狩猟したり、魚を釣り上げたり、野生植物を採集したりするとき、みずからの知恵と相手の知恵との格闘で垣間《かいま》みせるのは、生きるということの強い意志である。

当然のことながら、こうした背景から自然と対峙する人びとの生活世界を垣間みるためには、みずからそれもひとりでこうした世界に出向かなければならない。そうであればこそ、この技術や技能を理解するため対象と格闘しなければならないし、私自身の自然理解をとぎすますためにはそれは必要なことであった。その世界には、自然を生きる人びとには普通のことでも私にとっては驚くべきことや共感できることなどの発見に満ち満ちた人間の営為があった。また、政治や権力によって生活世界が変容し、あたかも人びとが翻弄《ほんろう》されているかのようにみえることがあった。しかしそうであるようにみえても、それらと対応している姿にやはり自然と対峙する場合と似たような知恵を発揮するものである。そしてこうした関心が民俗学であるのかないのかはさほど大きな問題ではない。自然と乖離《かいり》せずに生きている人のほうが世界には圧倒的に多いし、その世界に一時的にせよ身を置くことによってしか思考しない方法がフィールドワークというものであろう。

もっと月並みにいえば、他者の存在や行為は私に衝迫力をもって意識の変革を迫ってくるものであった。とくに自然理解については、教育や学問の名で教えられたり習得してきたことは無惨にも打ち砕かれてしまった。私は、こうした他者の自然への行為や解釈とひとりで長くつきあってきた。元来、単独行が好きであったこともある。自然と人の関係性に関心をもつ環境民俗学や生業と自然の関係に注目する生態人類学の多くの研究者も私が知っている限りはこのような傾向の人が多い。

しかし、プロローグと本章であつかう中国雲南省と海南省の調査は単独ではない。このプロジェクトの要請と中国における長期の住み込み調査という困難な要請が、必然的に共同調査にならざるをえなかった。プロジェクトの要請は環境問題の今日的な課題にとりくむ意欲のある若い研究者や大学院生を共同研究者として組織することであった。もう一つは海南島のリー族社会に若い研究者がそれぞれ研究する村を決め単独で住み込む調査を可能にすることであった。それはこの共同研究のカウンターパート（調査対象国の共同研究者）であった北京《ペキン》の中央民族大学民族学院、楊聖敏教授の多大な努力で可能になった。私は、共同研究者がそれぞれ単独で入る四つ村の調査の総括責任者として、四つの村をまわる役割であった。

海南島調査　海南島調査は単独な調査を旨としてきた私にとってもはじめての共同調査であった。海南島山間部の奥深くに住むリー族はつい最近まで焼畑と水田耕作とまわりの自然環境を利用した狩猟採集をおこなう複合的生業を生活の基本的な戦略にした社会であった。それが中国では数少ない亜熱帯の島ということもあり、経済成長著しい中国経済を背景にいわゆるマス・ツーリズムの隆盛に乗って多くの観光客が押し寄せる島に変貌しつつある。

選定した四つの村にはそれぞれの研究者が長期の住み込み調査を始めたが、その中でもっとも変貌していないある意味で伝統的な村を調査することになった同僚の西谷大《まさる》さんの調査していた初保《チューバオ》村には私もかなり長くつきあってきた。理由はいくつもあったが、いわゆる伝統的な焼畑《やきはた》と水田で生きる人びとの自然とのつきあい方を知りたかったことは最大の理由である。今一つは調査は現地の言葉を習得しつつおこなうのが鉄則であるが、次章で述べるエチオピア・コンソの社会と格闘してきたエネルギーはもはや私にはなかった。中国語を自由闊達《かったつ》に操る西谷大さんとの共同調査が必要であった。

ここで述べることは西谷大さんの調査およびこの当時東京医科歯科大学にいた梅崎昌裕さん（水満《シュイマン》村調査）、東京大学医学研究科人類生態学の大学院生、蔣宏偉さん（保力《バオリー》村調査）、調査時は東京大学農学部森林社会学の大学院生であった伊藤貴子さん（太平《ダイピン》村調査）などの調査も参考にしつつ私なりに消化したものも含んでいること断っておきたい。

最初の章の前置きがたいへん長くなってしまった。さて、キワタ（キワタ科 *Bombax malabaricum*）の咲く村の焼畑と水田の生活世界に入っていきたい。海南島はかつては広東《カントン》省の一部であったが一九八八年に海南省に格上げされた。それは経済特区となったことが大きな理由であった。海南島は人口約七〇〇万人、省都は海南島北部の海口《かいこう》である。南部に三《さん》亜《や》という第二の都市がある。現在はこの二つの都市に国内便が乗り入れている。

海南島の低地は漢族が住むが、山間部にはリー族とミャオ族が住んでいる。リー族は先住民で人口約一〇〇万人だといわれる。ミャオ族は山間部にまばらに分散して住んでいて約八万人といわれる。このような事態になったのは漢族と先住民との長い闘いの歴史があり、明代（一三六八―一六四四）に漢族がリー族を制圧するためミャオ族、ヤオ族を大陸から先兵として連れてきたからだともいわれている。

これまでの調査

海南島の漢族とリー族との関係を漢族側の史書からみた歴史については西谷大さんが適切にまとめている（西谷大「史書にみるリー族の生活世界」篠原徹編『中国・海南島―焼畑農耕の終焉―』東京大学出版会、二〇〇四年）。この論文の要点は、中国の中央政府が領土的な海南島支配のため軍隊の派遣、屯田《とんでん》を繰り返しおこなってきたが、この過程を通じてリー族の生業構造に変化が起きたことを骨子《こつし》としている。つまり長江《ちようこう》下流の水田稲作という特異な中国的集約農耕を、それまで焼畑農耕（狩猟採集を伴う）が主体であったリー族が受容して水田耕作をいくつかの画期を経ながら徐々におこなうようになったと推測している。

こうしてたどりついた近代におけるリー族の生活世界の全容が明らかになるのは、ドイ

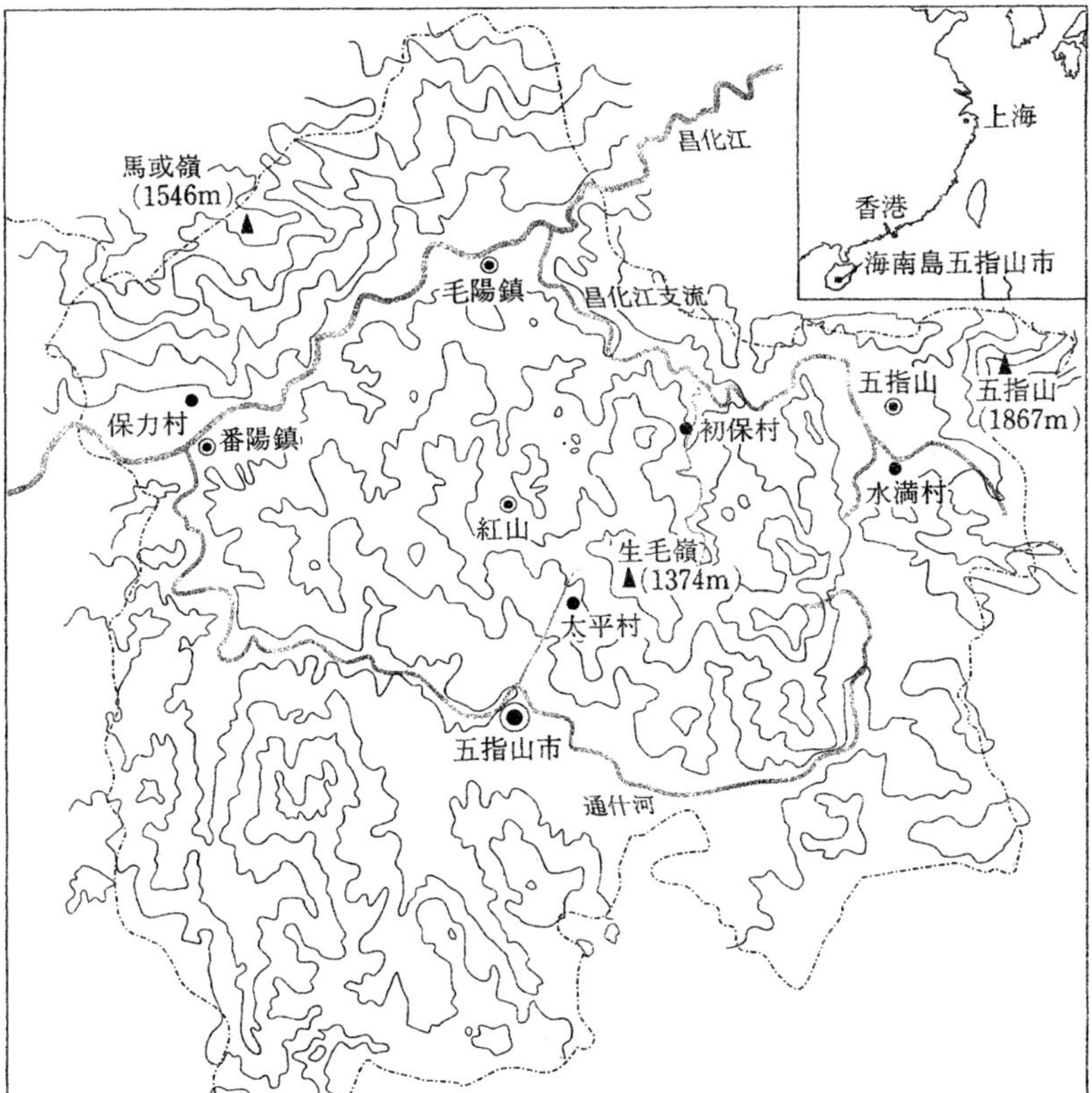

図13　中国海南島と初保村の位置

ツの民族誌学者ステューベルの『海南島民族誌』（清水三男訳、畝傍書房、一九四三年）と日本の人類学者および経済学者である岡田謙・尾高邦雄『海南島黎族の社会組織』『海南島黎族の経済組織』（クレス出版、二〇〇一年、復刻版）である。前者では依然として海南島の中央部では移動式焼畑農耕を営むリー族が存在したことが記されている。私たちが調査した水満村周辺であるようだ。漢族からみれば漢化した低地や山間部の「熟黎」に対して「生黎」と称された人びとは、海南島中央の山間部にかなり多数いて、焼畑・水田・狩猟採集という複合的な生活様式であったことがわかる。

ステューベルの訳をしたのは清水三男という将来を嘱望《しょくもう》された優秀な日本中世史家であったが、訳書の原稿を平野義太郎に渡したまま戦地に赴き戦死する。また一九四五年の日本の敗戦間際には、日本の軍部は海南島でアヘン栽培を試みるが、もはや大々的な実行に移すことはできなかった。日本の人類学者によるリー族調査は、明らかに当時の日本の軍部の要請のかたちをとっている。日本の軍国主義にとっては重要な意味をもっていた因縁浅からぬ地であったことは銘記しておいてもいい。

海南島の開発

一九四九年の中華人民共和国の成立以降には、さまざまな変化がリー族社会に訪れる。人民公社時代、生産請負制の導入など大きな変革があっ

図14　五指山市にあるリー族の初保村
手前の木はキワタ。河岸段丘の水田と棚田の右側にチガヤで葺かれたリー族の家がある。

た。環境とのかかわりでいえば、それまでの農業生産性をあげるための開発が見直され、一九九三年に焼畑禁止を伴う「封山育林」政策が施行されて、漸進的な発展を遂げてきた彼らの生活世界は現在大きな変化をこうむりつつある。現在では、現に使用している畑や水田さえも植林する「退耕還林」という政策も実行されている。

初保村に行くには、海口から車で五時間、三亜からなら二時間でまず五指《ごし》山《ざん》市（旧通什《とんざ》市）に行かなければならない。海口から車で入るとわかるが、ステューベルが困難な踏査行をおこなった地域は、すっかり開かれている。

この調査で水田植生を調べることを手伝ってもらった植物生態学専攻の宮崎卓さんは「パラゴムの樹海ですね」といったくらいだ。漢族式の家に改めたリー族の村むらは、家のまわりにはわずかな水田と自給用の菜園畑があるだけだ。少し離れたところにはキャッサバ畑が展開し、その周囲の小さな山や丘はパラゴム（トウダイグサ科 *Havea brasiliensis*）が整然と植えられている。人工的な斉一林《せいいつりん》になってしまっている。

三亜から入ると少し様相が異なる。それでも海岸部は換金果樹がかなり植えられ、今、中国でかなり値のいいライチが多い。五指山市にいくにはかなり登るが、パラゴム、マンゴウ、ライチ、リュウガン（ムクロジ科 *Euphoria longana*）などが次々に出てくる。水田もかなり多く、このあたりは二期作である。水牛がのんびりと収穫後の水田のあとで草をはんでいる姿もみることができる。

五指山市は、通什市から改称された名前である。市内に海南島随一の高山、五指山があり、この名山を観光資源にしようという目論見《もくろみ》が市政府にあったからである。事実このため五指山の麓にある水満村は観光開発で生活が激変しつつある。五指山市は標高六〇〇メートル《メートル》前後、市民の足は三輪車と呼ばれ、二人まで客の乗れる幌《ほろ》つきの三輪をオートバイが引っ張る。どこへ行くにも二元《げん》（三〇円相当）から三元である。これがいたるところにあってなかなか便利である。この三輪車も今年海南島を再訪してみると、排気ガスを出す公害だということで市内全面禁止になってしまっていた。

五指山市は人口約一一万人でリー族の中心的な町であり、市長なども要職はリー族が占めている。五指山市は広いので中心的な地域は人口が集中していて、いかにも中国的な小都市の様相を呈している。この町場の人口は約五万人といわれている。この町場の周辺の山間部の山麓にリー族の村が多くある。海南省民族研究所という私たちの現地の受け入れ機関になってくれたところの配慮で、一種の公務員宿舎アパートの一軒を年間単位で借りることができた。ここから車や公共バスを使ってそれぞれの村に行き、ときどきは帰ってきてこのアパートで共同生活をしながら調査をした。町には公設市場があり、山間部に住むリー族の人びとが栽培植物や野生植物を売りにきているので、彼らの環境利用についても多くの情報を得ることができた。

自然と生活を映す市場

市場で筍《たけのこ》と称して売られているのが実はリー語でチュノーン、和名でオオホザキアヤメというショウガ科の野生植物の新芽であることがわかったのも市場である。このチュノーンは焼畑の天敵のような植物であり、これがはびこると焼畑を放棄したくらいだと後にリー族の人は教えてくれた。中国の市場はどこ

図15　リー族が多くみられる五指山市の公設市場

へいっても興味つきない。広州《こうしゅう》の市場では売られているサソリを箸《はし》で選んでいる女性もいた。ＳＡＲＳ騒ぎで犯人扱いされたハクビシンもときどき海南島の市場には出ていた。もっとも初保村では村人が罠で獲ったのをときどき私も食べていたが。

今、調査している雲南省の者米《ジエーミー》の市場では、田圃《たんぼ》の周辺にある和名クワレシダ（*Diplazium esculentum*）が売られている。すこしぬめりがあっておいしいものである。クワレシダの和名がついているくらいだから、かつては日本でもよく食べていたにちがいない。市場はその地域の生活や食文化がわかるのでたいへんおもしろい。

話はすこしそれるが、中国雲南省の者米郷はプロローグで触れた。ここは一つの谷に九つのエスニック・グループが棲み分けている。六日ごとにこの谷の川沿いの小さな町（町ともいえないが）のどこかで市場が開かれる。周辺の谷からそれぞれのエスニック・グループが野菜や果樹や野生植物をもってきて売る。雑貨や衣服やプラスチック製品・金属製品は漢族が河谷沿いに行商する。つまり川沿いには近代的な商品が流れ、谷から川に向っては米以外の食料などが集まり、これらの市場は生活を支えるものの流れの結節点になっている。この市場は復活したものであるが、農耕社会になぜ市場が必要なのかを考える上ではきわめて興味深い問題である。

調査中に読んだ市場の人類学的研究の古典であるB・マリノフスキー、J・デ・ラ・フェンテの『市の人類学』(平凡社、一九八七年)や、中国の市場研究のこれまた古典といえるG・W・スキナーの『中国農村の市場・社会構造』(法律文化社、一九七九年)とは異なる姿をここにみいだした。このありようのあまりのおもしろさに同僚の西谷大さんは夢中になって調査をおこなっている。多様な少数民族が市場にでかけてくるので、彼らの商引はどのように取り交わされるのかみていると、ある少数民族は特定のものを売っているようだ。ある少数民族はいつも買い手であって売り手にはならない。観察から多くの興味深いことが発見できる。市場はおそらく少数民族の現在の生活を反映しているにちがいない。しかし、海南島の山間部には常設店のそろった小さな町はあるのに定期市は存在しない。おそらく地域の歴史と文化に深く関わる現象だろうが、これなどもフィールドワークという行為が問題の発見を促すのだろう。

村の構成

初保村に三月に訪れると、黄色と赤のおそらく二品種のキワタが葉をつける前に一斉《いっせい》に咲くのでそれは見事である。もともとインド原産のものといわれ、古い時代に伝播《でんぱ》し明らかに栽培されていた。樹高は高いものでは一〇メートル以上になる。花は漢方薬として採取される。以前は種子に含まれる綿毛を枕の中に入れたりしていた。

今はあまり需要がないので花を老人たちが採取する程度であるが、伐採《ばっさい》されずに多く残っている。焼畑の一角によくあるが、単独で咲いても、密集して咲いても風情がある。初保村の標高は約六〇〇メートル、亜熱帯の島、海南島では潜在自然植生《しょくせい》の亜熱帯林の上部つまりその上の常緑広葉樹林の下部にあたる。しかし、村にはほとんど原生的な植生は残っていない。

村は二〇〇一年現在で約四九戸、人口二四六人である。海南島第二の河川、昌化江《しょうかこう》に注ぐ支流が村の前を流れている。一戸を除き他はすべてチガヤで屋根を葺《ふ》いている。家屋の形式は漢族式になっているのが多いが、中に伝統的なリー族式のところもある。漢族式の形式になっていても一つ異なるのは、チガヤの屋根が軒《のき》深く垂れることであり、窓もなく中はひんやりしている。伝統的な家屋は、入り口が妻《つま》側から二つ入れるようになっていて、中は仕切が一切ない。中央よりややそれて石でできた炉《ろ》があり、周辺に蚊帳《かや》を吊った竹のベッドが家族数だけある。夫婦の部屋だけは上は空いているが簡単に仕切られていて、ここに家の大事な財産が置かれている。

私たちが調査中下宿させてもらったのは王世軒さん一家の家で、屋根はチガヤで葺かれているが中は漢族式の形式の家であった。この村は河川の河岸段丘上に下から上に家が密集して配置されている。王さんの家は階段状に家が配置する中でちょうど真ん中であった。

この初保村のある谷には村は一つしかない。もともとこの谷には現在の初保村の近くに三人の兄弟を始祖としてはじまったといわれる村が三つあり、それが人民公社時代に現在の地に集合させられた。三つの村の始祖は兄弟であったという伝承は、この三つの村が同一の祖先を共有しているので、同一の父系的親族集団であることになる。事実、祖先を同じくする同一のクラン（氏族）に帰属している。この同一クラン名に帰属する集団は、この谷以外の地域に住んでいる。三つの村は系譜関係が明らかな父系的親族集団であるそれぞれ三つのリネージ（系族）で構成されている。このリネージも他地域にも広がっているので、こうした伝承はこの谷で展開したことではない。実は少数ではあるが、三つ以外の同一クランだけれどもリネージの異なる人たちがいる。大多数がこの三つのリネージのどれかに帰属しているという意味である。海南島のリー族の村は、伊藤さんの調査した太平村でも以前はせいぜい一〇戸、普通は五戸前後の小さな村が集合したものが多い。

三つの村はリネージは異なるが同一のクランに属するので、彼らの漢名はすべて王さんとなっている。他から入ったきた人もいるが、村の人と擬制《ぎせい》的な親子関係を結ぶことによって、すべて王を名乗っている。ただ最近、あまりに密集しているからといって分村する人たちがあるリネージで起きている。谷の向かい側の少し小高いところに六軒の家が枝村を作った。

私たちは村の領域をくまなく歩き、現実に何かおこなっている場面を多く観察し、そこで聞き取れることは聞き取り、あとで夕食のときに王さんやその家族あるいは彼のお父さんやお母さんに昼間の観察を中心に詳しく聞くという方法を繰り返した。となりの家は王さんの叔父さん、下の家は王さんの次男の家であった。ちなみにこの村では、長男や次男は結婚すると家を建てて出ていくのが普通である。つまり末子相続をするから両親と一緒に住んでいるのは末子である。王さんのお父さんとお母さんは王さんの家のすぐ上に住んでいるので、王さんは末子ではない。この村は異なる三つのリネージに属する人びとが多く住むが、それはすべて同一のクランに属する。一般的にこのあたりのリー族はクラン外婚だから、村の既婚女性はすべて外部から、未婚女性はやがてすべて村をでていくことになる。

王さん自身が村の村民委員会の主任という立場であったので比較的情報は正確であった。今回の中央民族大学との交渉で三ヵ月以内の村での滞在は許可されていたので、王さんの家にこの四年間この期間内での下宿を何回もさせてもらった。

焼畑農耕

私は焼畑農耕を実際にくわしくみるのは初めての経験であった。焼畑農耕にもいろいろなタイプがある。大きく分類すればより原型的なタイプは、周囲の環境の中で焼畑を作るが、土地の地力が落ちたり、焼畑適地がなくなれば別の場所に村ごと移動してしまう移動型焼畑であろう。ニューギニアやアフリカではこのタイプよりさらに原型的なスラッシュ・アンド・マルチがある。これは森林を伐採して木を放置したまま空いた空間に作物を植える方法である。長い間、アフリカの焼畑農耕民の調査をしてきた掛谷誠さんは「焼畑農耕民の生き方」という優れた論文のなかで、焼畑農耕について概括している（高村泰雄・重田真義編著『アフリカ農業の諸問題』京都大学学術出版会、一九九八年）。

それに対して、定着型焼畑とは村は定着していて、周囲の環境の中で焼畑自身を循環させるものである。これは循環をうまくおこなわなければ破綻《はたん》をきたす。焼畑を放棄して二次林の再生を待つが、この休耕年数が短くなれば土地の地力は回復しない。再び焼畑として二次林を伐採するとき、休耕期間中の二次林の落葉とその分解によって土地が十分肥えている必要があるからである。また、二次林を焼いたときの灰が有効なため、樹木が十分生長している必要もある。

現金収入のため焼畑に換金作物を植えると、他の焼畑では同じ場所に戻ってくる循環年数が早くなる。土地の地力が十分回復していないので次に植えた栽培植物の生長はだんだん悪くなる。悪くなるとあまり地力がなくとも育つキャッサバのようなものしか植えられなくなってくる。表土が降雨によって激しく流失し、表面の硬く赤いラテライト化した土地は海南島にも多くみられる。海南島の古い言い方は朱崖《しゅがい》であるが、これはそのことを意味している。プロローグで紹介した者米もヴェトナムのハノイへ流れ込む大河、紅河《こうが》の支流域にあるが、この紅河も名前が示すように表土の流失の激しいラテライト地帯である。

村の人口増大によって焼畑の候補となる潜在的な土地の面積が少なくなることが考えられる。利用できる面積が限られていると、人口増大によって焼畑必要面積が増大すれば、休耕年数を縮めるしか方法はない。一般的に中国の五五の少数民族も人口もこの五〇年のあいだに三倍に増加している（王柯『多民族国家中国』岩波新書、二〇〇五年）。中国の少数民族地帯での人口増加は、環境保全と内側からの開発のせめぎあいの様相を帯びるのはこの理由による。

初保村の焼畑は現在常畑にどんどん変わっている。従来はこの焼畑で陸稲、アワ、タロイモ、キマメ、ヤムイモ、サツマイモなどを作っていた。現在は、多くの焼畑はバナナ、

図16　初保村にあるリー族の焼畑
収穫前の陸稲（山欄米）から山欄酒を作る。

パラゴム、ライチ、リュウガンなどの換金果樹が植えられるようになっている。樹木であるので、一度植えると少なくとも数年から数十年は固定されることになる。私たちは常畑化したこうした畑を斜面畑と呼んで焼畑と区別した。それでもバナナは株分けが簡単だから、実が採れなくなると一〇年以内で切り倒され、また新たに更新することができる。そうした場所では、バナナが一年目、二年目の若いうちは、下に陸稲やサツマイモを混植する。

村の土地利用　初保村の一つの家の生業を概観してみよう。生業とは食べる手段であり、それが成り

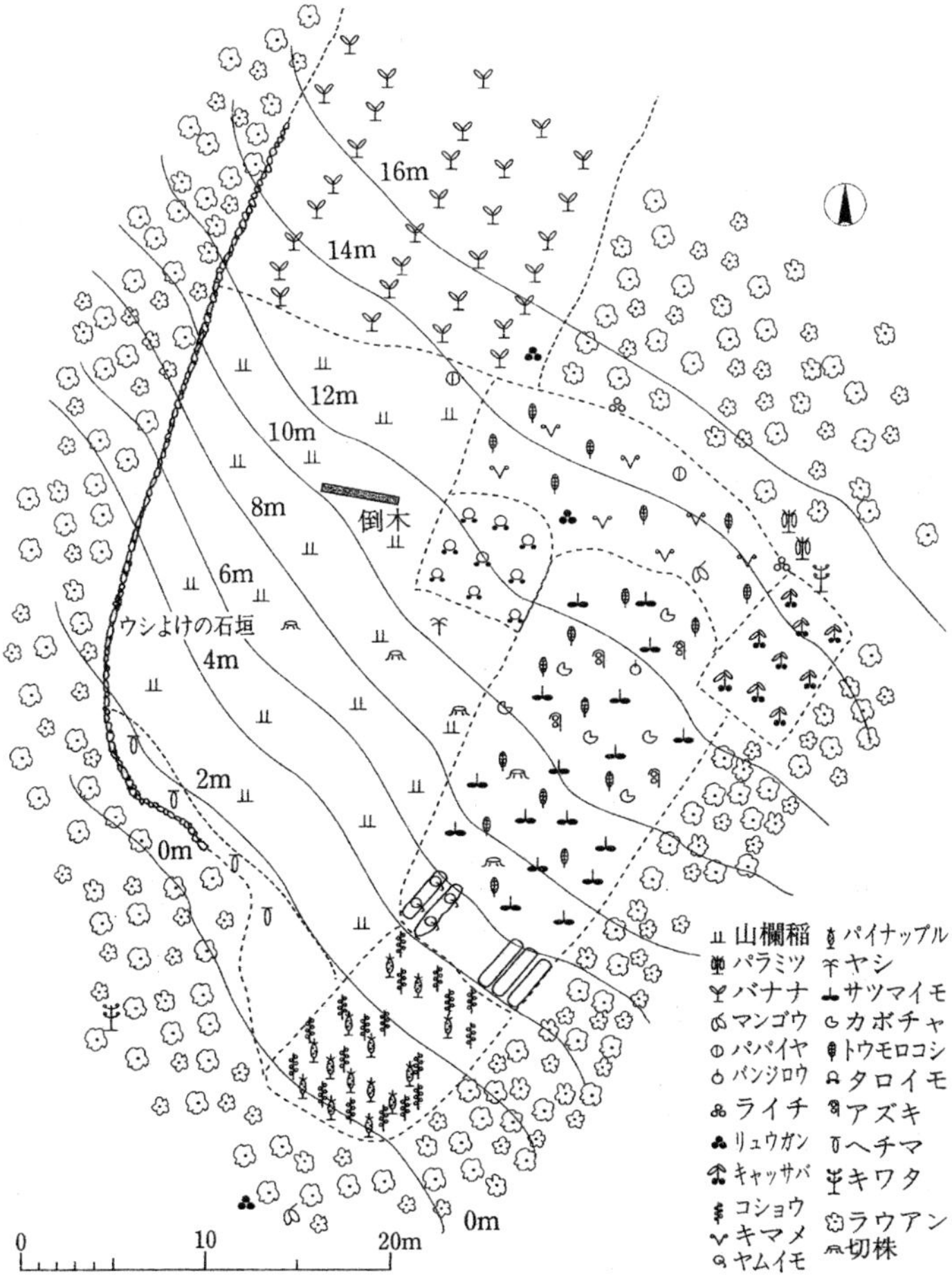

＊等高線の数値は比高差を表す

図17　リー族の伝統的焼畑と作物

立たない限り生活はありえない。初保村では現在は、水田と焼畑および斜面畑がもっとも大きな生活手段である。しかし、かつての狩猟採集の名で一括された小資源の利用がすべてなくなったわけではない。これは後ほどいくつかの小資源利用については述べるが、この小資源利用は、農耕生活を成り立たせるためにはきわめて重要であることを強調しておきたい。

水田は家族数に応じて建前上は割り当てられている。五人家族なら、一人一畝（中国の広さの単位で約六七〇平方メートル）だから五畝ということになる。村の前の河岸段丘上や小さな谷に広がる棚田は、村から歩いてもっとも近いところにある生業手段である。これを水田ゾーンといっておこう。水田ゾーンの上に焼畑ゾーン（斜面畑ゾーンを含む）があり、その上には現在は灌木《かんぼく》ゾーンがある。灌木ゾーンは中国の焼畑禁止を伴う「封山育林」政策で焼畑や山焼きが禁止されたゾーンである。ここでは現在水牛の放牧がおこなわれるが、一年生の禾本科《かほんか》植物が少なく水牛放牧には向かない。この灌木ゾーンの上は一〇〇〇メートルから一五〇〇メートルの山が連なる。ここには山頂を含めて二つの植生が認められる。一つは草原であり、いま一つはかなり回復した常緑広葉樹林の二次林である。この草原は山焼きによって人為的に作られた可能性がある。ここは現在では水牛の放牧地として、また海南省政府によるコウヨウザン（スギ科 *Cunninghamia lanceolata*）や馬占相思樹（種は同定できなかった。ユーカリの仲間）やカリブマツ（種は同定できなかった）の植林がおこなわれている。コウヨウザンは、「退耕還林」の標語のもとで植林されるときに使われる樹種である。海南島にはもともとなかった種であり、こうした本来の植生になかったものを植林することの是非は大きな問題である。

この水田ゾーンにある水田は三〇年に一度労働力や生産性の平等性を確保するためシャッフルされることになっている。しかし、実際は、その家が古くから使っている水田はその家が使っている。面積も測ってみるとありうべき面積とかなりの誤差がある。こうした水田に各家は現在は除草剤と化学肥料を必要とする中国で開発されたハイブリッド種を植えている。

中国では、一九六〇年代に稲の品種改良が進んで、それまでより高い生産性のある稲の品種群が作りだされた。伊藤貴子さんはこれを従来種と呼び、それ以前にあったその地域の伝統的な品種を在来種と呼んで区別している。在来種は現在では陸稲《りくとう》に一種あるだけである。しかし、リー族の生活にはなくてはならないものである。それは糯米《もちごめ》品種で、これからリー族の固有の醸造《じょうぞう》酒、山欄酒《サンランチュー》を作るためである。

従来種を一期作目に植えて、ハイブリッド種を二期作目に植えていたのは四つの村で都市近郊農村であった太平村だけで、他はみなハイブリッド種を二期作とも植えていた。実はこのことが、先述した小資源利用という側面で大きな変化をもたらした。

村の生業と国家政策

初保村の私たちの毎日の食事も最初のうちこそ行商人から購入した肉や魚もあったが、次第に彼らが自給する野菜を中心にした普段の食事に変わっていった。野菜も普通のものだと思っていたが、実は後述するようにこれが私たちが通常考える野菜ではないものが多かったのである。毎日、村の中を歩き回ることを日課としていたが、樹上に巣を作るアリの一種をとっている人をみかけたり、ハクビシンの罠にこちらが引っかかったりしていた。それで夕食時に王さんにアリを食べてみたいとかハクビシン猟に同行したいといって頼んだりした。おかげでハクビシンや野にいるアカネズミとよく似た小動物や昆虫食やら我々が通常食べないものまで食生活の幅が広がった。

そんなある日、五指山市の拠点としているアパートにみんなが集まったとき、水満村を調査していた梅崎昌裕さんから興味深い事実がもたらされた。それは水満村ではいわゆる水田雑草や畦畔《けいはん》雑草あるいは路傍《ろぼう》雑草を頻繁に採取して彼らが食事の副食として利用しているというのである。水満村は、名山、五指山を背後に控え、そこが国家自然保護区になってしまったことで狩猟採集活動が禁止され、動物捕獲や野生植物採取ができない。また「封山育林政策」で焼畑や山焼きが禁止されて二重の意味で生業活動が制限されてしまっている。わずかに黙認されている漢方薬の原料採取や蜂蜜採りなどがおこなわれているにすぎない。生業活動は今やわずかに許されたバナナ畑やパラゴム林あるいは益智《えきち》（ショウガ科 *Alpinia oxyphylla*）の栽培などと水田しかない。そして省政府が推奨しているのが五指山を当て込んだ観光である。

動植物の連環

水田とその環境

国家政策により制限された生業活動と自然保護は両立しうるのかという問題は、梅崎昌裕さんの立てた問題設定であった。少し余裕のある水田で生産される高い生産性のハイブリッド種の米と副食として可食水田雑草があれば、現時点は可能であるというのが梅崎さんの結論である。余剰米を行商人に売ることによって、肉と魚を手に入れ、ヴィタミンは可食水田雑草から採取するというのが彼の人類生態学的な答である。現時点で栄養学的なバランスに問題がないことはきわめて重要である。海南島地方政府は水田雑草ではなく畑に野菜を栽培することを奨励しているが、開発援助はいつも生活という視点からものをみないので、地域の文化を遅れた文化とみなしてしまう。

しかし、当然のことながら栄養学的に問題がなくとも他にはいろいろな問題がある。彼は調査当初水満《シュイマン》村の近くの郷政府のところから通って調査していた。許されて水満村に下宿するようになって日常食を食べるようになって可食水田雑草の生活に占める重要性を発見した。それまでは彼は、毎日が宴会で、彼らの固有の醸造酒、山攔酒《サンランチュー》や白酒《バイチュー》（漢族から伝来した蒸留《じょうりゅう》酒でキャッサバや山攔酒やトウモロコシからつくる三〇度から五〇度ほどの強い酒）をコップに朝一杯、昼二杯、夕方三杯、宴会はそれからという毎日を過ごしていた。私がときおり訪問しても彼らの家は清潔で生活を楽しんでいるようにさえみえたものである。五指山《ごしざん》の観光開発による収入がどの程度のものか、また今後どのようになるのか予断を許さないが、可食水田雑草の利用は私に大きな衝撃を与えた。私自身は、この可食水田雑草そのものの利用に多大な関心をもったのである。

人類が主として稲を作る場としての水田という人為的な環境を創造したことは、人類史上画期的なことであった。この人為的な環境からより原生的な自然環境までいくつもの画定《かくてい》された環境（焼畑や常畑、二次林）が人間のまわりには存在する。それらの画定された環境と環境の間にはあいまいな空間が存在する。畦畔《けいはん》などはその典型である。それらの新しく創りだされた空間は野生生物にとっても人間にとっても重要な空間である。そこは植物にとっては新たなニッチ（生態的地位）を獲得すべき未開拓な場である。画定された場は動物にとっては新たな餌場であり、それを狙う動物にとってはこうしたあいまいな空間はねらい潜む場として重要である。つまりこうしたあいまいな空間もまた、人間が新たに利用できる空間として利用されている。そしてこのことが小資源利用の活躍の場であるし、それがなければ農耕生活そのものが成り立たなかったのではなかろうか。水田は稲を作る工場だけの役割ではない。播種《はしゅ》から収穫までどれだけこのあいまいな空間に由来する小資源に依存しているか、また水田稲作や焼畑《やきはた》農耕という生活もまたこれらの小資源があってこそ円滑に営まれるものではないか。

水田の利用

水田の多面的な機能といえば、洪水調節のための貯水機能などがすぐいわれるが、直接的に生活世界に関連した機能も多くある。棚田《たなだ》の畦畔の植物が、牛の飼料として重要な役割を果たしている場合もある（加藤正彦「但馬牛飼養と棚田―藁と野草の利用と認知―」『兵庫県立人と自然の博物館紀要　人と自然』六、一九九五年）。また棚田の畦畔にダイズやアズキを植えて味噌や餡《あん》の材料にしたりすることもある。水田内漁《ぎょ》撈《ろう》や水田養鯉《ようり》や水田養鮒《ようふ》あるいは刈り取り後の水田で鴨猟をおこない、タンパク供給源として重要な役割を果たすこともある。民俗学では稲作にまつわる儀礼や芸能の研究はすぐれた業績があるが、残念ながら水田という人為的環境や畑作という人為的環境に着目して、生活の中での役割を計量的に示すような研究は少なかった。これらの民俗学的研究は、安室知さんや菅豊さんが精力的におこなってきただけである（安室知『水田をめぐる民俗学的研究―日本稲作の展開と構造―』、慶友社、一九九八年。菅豊「『水辺』の生活誌―生計活動の複合的展開とその社会的意味―」『日本民俗学』一八一、日本民俗学会、一九九〇年）。

いわゆる水田雑草と呼ばれているのは、水田という人間が新たに創りだした環境をニッチとして進出してきた植物である。水田稲作の伝播《でんぱ》に随伴して分布を拡大したと思われるので、これらはコスモポリタンな植物が多い。東南アジアの水田、中国の水田そして日本の水田のまわりにはこれらの随伴植物として共通種が多い。ざっと水田内、畦畔、水路などには一五〇種類ほどの植物がある。植物生態学者の宮崎卓さんによれば日本と海南島の水田雑草の約八〇パーセントは共通種であるという。

水田内の代表的な植物を挙げてみよう。オモダカ、ウリカワ、コナギ、イボクサ、コブナグサ、ナンゴクデンジソウなどが水田内にある。ナンゴクデンジソウなど日本では絶滅危惧種になってしまっているものもある。日本の水田が農薬と肥料によってかつてあった水田内の植物を激減させてしまったことはかなり深刻な問題である。もっとも深刻な問題は、こうした人の関わる人為的環境も生物多様性の維持には重要な意味をもっているからである。水田内植物の激減はたんに植物だけではなく、水田領域を生活の場とするタニシ類、ホタル類、ゲンゴロウ、タガメなどなじみの貝類や昆虫類の生存にも大きな影響を与える。事実、農薬の有毒性と食物連鎖を断ち切られたためこれらの生物は絶滅の危機に瀕《ひん》している。先述した、養鯉や養鮒また水田漁撈といったタンパク供給源としての小資源利用も汚染などの問題を抱えている。

米以外作物たとえばコムギやダイズの自給率は先進国の中で日本は最低である。水田を米だけのために特化させる方向に日本の農業は進んできた。米以外の農作物は輸入という手段に頼ってきた。輸入という代替的な経済行為によって、表面的には汚染などの環境問題を隠蔽することができた。しかし、事態は深刻になってきて顕在化しはじめた。「自然再生」というような形容矛盾する言葉が真剣に語られだした（鷲谷いづみ・草刈秀紀『自然再生事業』築地書館、二〇〇三年）。

しかし、私が中国で調査してきた海南島のリー族社会や雲南《うんなん》省の少数民族地帯では、これらの小資源は彼らの生活世界では代替できない存在なのである。大棚田地帯としてすっかり有名になった元陽《げんよう》の棚田でも、棚田は注目されるが畦畔に植えられるダイズのことは忘れられている。この棚田地帯を上から眺望《ちょうぼう》すると、刈り取っても水を張られた水田の一部に一面真っ赤になるほどアカウキクサ（アカウキクサ科 *Azolla imbricata*）が繁茂しているところがある。この地域で調査を始めた吉村郊子さんの話では、このアカウキクサは集められて水牛の飼料として使われているそうだ。このシダ科の植物は藍藻類《らんそうるい》と共生して窒《ちっ》素《そ》を固定するので、牛にとって有用なものであろう。私自身も雲南省紅河《こうが》県地域の多くの市場で、クワレシダが野菜として売られているのを何度もみた。これらは代表的な水田周辺の小資源であり、水田稲作農業が、決して稲を作ることだけに特化した生業ではないことを語っている。

雑草の食べ方

先に水田内の代表的な植物といって挙げたのは、実はこれらが水満村の人びとの副食に供される代表的な水田内植物だからである。もちろん他に食べはしないが、サンショウモやアカウキクサなども普通にみられる。畦畔や水路周辺などでは、チドメグサ、タケダソウ、イタチガヤ、クワレシダ、ベニバナボロギク、オオバコ、カタバミ、セリ、ツボスミレなどが食卓に登場する。

これらの可食水田雑草はどのように食べられるのだろうか。元来、リー族の文化は油を

図18　可食水田雑草を採集するリー族の母子

使わない「煮る文化」であったと思われる。そこへ漢族から油と中華鍋を使う文化がもたらされ、彼らの食生活はかなり漢化した。高温の油で炒めることによって、これらの可食水田雑草はかなり食べやすい存在になった。水満村の人びとは、副食としてこれらの可食水田雑草を常食していることは梅崎さんのリー族の食卓メニューの調査でも明らかである（梅崎昌裕「環境保全と両立する生業」篠原徹編『中国・海南島―焼畑農耕の終焉―』東京大学出版会、二〇〇四年）。

つまり、日本のように春の香りと称してウドやフキノトウを楽しむということとは根本的に異なるものである。彼らは、可食水田雑草を煮たり、炒めたりして野菜としてこれらを利用している。水田は野菜畑でもあった。

　これにはもう一つ野菜として食べる秘訣があった。それは化学調味料である。いわゆる「味の素」であるが、王さんの夕食のみならず、いたるところで中国料理にはこの化学調味料が使われていた。同僚の西谷さんが興味深い事実を引きだした。我々はいささかこの化学調味料に閉口していたので、どうしてこれほどの化学調味料を使うのか質問したときである。王さんの答えは、化学調味料を使うと肉の味がするというもので、これで大量に使う理由が氷解したような気がした。

　しかし、考えてみると妙なことである。化学調味料がリー族にもたらされたのは最近のことだ。それ以前はどうであったのか。野生動物が豊富であった時や、捕獲が禁止される以前は、たまたま獲れる野生動物の肉と一緒に煮ることはあったかもしれない。しかし、常食というわけにはいかない。

　考えられる可能性は、焼畑禁止などでそれまで焼畑で作っていた野菜類を作れなくなった水満村の人びとが、ストックとしてもっていた可食水田雑草の伝統的知識を状況に応じて顕在化させたのではないかということである。それを裏付けるように、焼畑で野菜を作る初保《チューバオ》村ではこうした知識はもっているけれども、それほど頻繁には可食水田雑草を利用しない。伝統的知識と呼ばれるものは民俗学の重要な対象であるが、こうした知識が顕在化するか潜在化するかは状況依存的なものであり、可変性をもったものではないか。あいまいな空間に存在する水田周辺の可食水田雑草のことを述べてきたが、これらの空間の利用権についても若干触れておきたい。

「植えたもの」と「生えたもの」

初保村では、植物や動物に対して「ウッチョウ」と「ワー」という民俗カテゴリーがある。「ウッチョウ」というリー語は、「植えたもの」という意味であり、「ワー」とは「生えたもの」という意味である。

主として野生動植物であるが、栽培種にも当てはまる場合がある。この民俗カテゴリーの重要性は、これが野生動植物の利用権に関わるからである。この民俗カテゴリーの最初の発見者は水満村を調査していた梅崎昌裕さんであるが、そのことは初保村でも確認できた。

彼はあまりにすごい可食水田雑草食のことを知り、この利用権についても知ることになった。誰の水田であろうと、可食水田雑草は「生えたもの」だから誰が採取してもいい。水満村は水満茶という特産品を栽培しているが、山の中にある自然にある茶の木なら誰が採取しても文句はない。これはかなり徹底していて、水満村の近くにミャオ族の村があるが、この人たちがきて採取しても問題はないという。事実、ミャオ族は黙認されている五指山の山麓あたりの野生動物捕獲をおこなう。水満村の領域であるにもかかわらずである。これは集体林（日本語で共有地と訳されている）に存在する生き物に対しての彼らの自然観なのであって、人間がなんらかのかたちで関わる自然は「ウッチョウ」、関わらない自然は「ワー」なのである。

初保村でこれを確認したのは、あいまいな空間としての焼畑周辺であった。彼らがアンと呼ぶ焼畑には彼らの生活になくてはならない陸稲が植えられる。キマメとかタロイモ、カボチャ、サツマイモ、トウモロコシなども混植されている。こうした焼畑は数年使うが、地力が落ちれば別の場所に移動する。移動するといっても今ではどこでもいいというわけではなく、かつて焼畑をしていて五年くらい経過したところを選定する。この五年という数字は意味があって、放棄した焼畑を彼らはラオアンといっているが、放棄後五年は同じ人が使う権利が継続している。これを過ぎれば誰が使ってもいいのである。

許可された焼畑の上に位置する灌木《かんぼく》ゾーンもかつては循環させる焼畑ゾーンであったが、この領域の焼畑禁止によって焼畑の循環年数は縮まってしまった。そして許可された焼畑（放棄したものも含め）の一部は前述したように、バナナやライチあるいはパラゴムなどの換金樹木が植えられるようになった。一〇年弱まで生長しないと収穫できなく、水分要求の高いコショウなどで挑戦する人もいる。コショウは他の作物に比べ値がよく、成功すれば大きな収入を得るからである。

キワタ

この焼畑と放棄後の焼畑の周辺には特異な植物が存在する。三月に村を訪れれば葉のないうちに深紅の花を咲かせるキワタが眼につく。三月は一期作目の田植えが終わり、農閑期である。この時期に村人はいろいろなことをする。若い男たちは毎日のようにアカネズミに似たものやハクビシンの罠を掛ける。お婆さんは孫と遊びながらアダンの葉を乾燥させ、それを筵《むしろ》に編む。この筵はリー族の生活のいたるところにみられる。キワタの落花した花をお婆さんが孫たちと一緒に採集するのもこの時期である。受粉が終わったキワタは柱頭を残して落花するが、この花は乾燥して売られる。乾燥した花を外から買い付けにくるのである。この花は漢方薬として使われる。

キワタは若いうちは樹幹に強烈な棘《とげ》があるが、生長して胸高直径が三〇チ《セン》にもなると棘はすっかりなくなる。そしてよくみるとこの樹幹に刻み目が等間隔に上に向かってついている。登れるようになっている。以前は花を漢方にするだけではなく、実から棉《わた》を採っていた。リー族の生活でも採取した棉を枕の中の入れたという。そうした時代には、キワタは「ウッチョウ」であった。人が焼畑の周辺に移植して増やしたものである。今は、誰が植えた「ウッチョウ」なのか忘れ去られ、「ワー」化した樹木になっている。

アダン　リー族の生活にはアダンの葉の筵はいたるところでみられる。調査の当初、アダンはいかにも自然のもののように存在しているにみえた。私たちが、彼らが自然を「ウッチョウ」と「ワー」に大きく分類するのを知るのと同時に、アダンがきわめて有用な植物であることから、これも「ウッチョウ」なのかと疑いだした。王さんの答えは明快で「ウッチョウ」そのものであった。どの家もどのアダンが自分が移植して

図19　保護されているアダン
株の周囲を刈り込んでいるのがわかる。

植えたものであることを認識していた。誰しも即座に何株所有しているか答えられるのである。

三月はこのアダンの葉を採取する時期である。よく観察してみると、どの株も下部の周辺の葉が切り取られ、株の中心のまだ若い葉は採られていない。移植して保護しつつ利用しているわけである。

竹の利用

リー族の植物利用を観察していると、野生植物にしかみえないけれども、実は「ウッチョウ」と分類されるものがアダン以外にもあるにちがいないと思うようになった。あらためて初保村でよく使われている道具の素材に注目するようになった。そんな中でもっとも大切な「ウッチョウ」は竹類であった。日本に伝わった竹類であるモウソウダケ、マダケ、ハチクは根がランナー（地下茎）となって繁殖するが熱帯や亜熱帯の竹類は株だちのものが普通である。竹類の分類は専門家も少なく、きわめてむつかしい。私たちには手も足もでないしろものである。この株だちの竹類をバンブーサと一括して話をする。けれども、生活者はそれではすまないから、当然彼らの竹類についての固有の民俗分類がある。彼らの認識では六種類が「ウッチョウ」のバンブーサとして、一種が「ワー」のバンブーサである。

各家がもっている焼畑は水田の上部にあるのが普通である。少し山道になったところは左右に竹林やときには籐《とう》が出てきたりする。当初は、これらのものはまさか所有が決まっているだけではなく、誰が植えたのかも明確な竹林や籐だとは思ってみなかった。竹林の所有は決まっているのはうなずけるが、こっちの竹林は誰それが、あっちの竹林は誰それがときわめて明確なのである。家の建築材、籠《かご》類、棚などいたるところに使われる六種の「ウッチョウ」の竹類は、それぞれの家で必要に応じて所有されている。

図20　竹林を作るため移植された竹
やがてランナー（地下茎）が伸びて竹林となる。

日本のモウソウダケも人によって村から村へ伝えられていった結果、集落の周辺に竹林が存在しているのであろう。一七世紀に鹿児島に伝えられたモウソウダケは栄養繁殖で東《とう》漸《ぜん》北上して列島を現在も北上中という。この栄養繁殖とはランナーや根の一部を切り離して植えることで増やすのであるが、だからモウソウダケは近接して存在しているものはクローンということになる。現在では、栄養繁殖で根やランナーを植える人は日本ではみられないが、リー族でも竹類はこの栄養繁殖で増やす。道端にときどき一《メー》《トル》ほどの長さに伐《き》られた竹が地面に突き刺さっているのをみる。実はこれはバンブーサの株から竹を切り離し上部を伐ったものが別の場所に植えられている姿なのである。バンブーサの株立ちが弱ったり、台風で倒れたりすると、このような方法で竹類を移植して増やす。

現在みられる竹林はすべてこうした過程を経て形成されたものなので、当然のことながら竹林はこの作業をおこなった人の所有になるのである。

生業の場

王さんの焼畑に行くには、家の対岸の小さな谷をかなり登らなければならない。対岸に渡るには河の中の岩を飛んで伝《つた》っていく。ときどき簡単な橋が架けられるが大水が出ると流されてしまう。岩伝いに飛んでいくほうが彼らには楽なのである。亜熱帯の河は私たちの住む常緑広葉樹林や落葉広葉樹林の河とちがって、清流でも水はそれほど冷たくなく藻類が繁茂しており、渡渉《としょう》すると足はよく滑る。リー族の人は山に登るときも直登するし、河を渡るときも我々ではとても飛べない岩を平気で飛んでいく。

こうした自然に対峙《たいじ》する生き方は、身体技法が洗練されていてときどき驚かされることがある。雲南省の者米《ジェーミー》川でも河を渡る素晴らしい身体技法をみた。者米川は幅二〇㍍《メートル》ほどある。河川はいつも濁っていて、底はみえないが淵では相当深そうである。瀬の部分なら渡渉できそうだが、河の流れも相当あるのでいつも大回りして竹でできた橋を渡っていた。対岸の村を訪れて夕方疲れて再び河に出たが、畑仕事を終えた一人の村人が河を渡渉しはじめた。初めは膝程度の深さであったが、やがて首くらいまで浸かって渡っていた。流れに身を任せ、足を下流方向に川底を伝っているようだ。脱いだ服は頭に載せ、両手に草履《ぞうり》と農具をもってあっというまに河を渡った。

リー族の人たちの生業活動は、河の両岸の水田、小さな谷の棚田そして棚田の背後に控える焼畑や斜面畑でおこなわれることが多い。その上は現在灌木林になっているのは山焼きや焼畑を作ることが禁止されているからである。「退耕還林」や「封山育林」の標語は道路沿いの道でよくみる。一方で焼畑の常畑化とそこへの換金作物果樹栽培の奨励がおこなわれている。焼畑禁止以前は、山焼きをして一年生禾本科《かほんか》植物が優先する草原を創りだし、この草原をイノシシ猟の猟場として利用したり、彼らの威信財やブライド・プライス（婚資）の交換財として使われた水牛の放牧地として利用していた。山焼き禁止でこの草原は灌木林に遷移してきている。同時に海南島にはもともとなかったユーカリ類やコウヨウザンの植林がおこなわれている。水牛の放牧は灌木林や植林地では適さない。第一に禾本科植物が少なく採食が容易でない。もっともブライド・プライスとして使われることも少なくなり、威信財の意味もなくなってきているので、肉牛として実質的な黄牛に転換したり、飼養頭数そのものが少なくなってきている。

水牛

水牛は水田の耕起や踏耕のときの役牛として使われる以外は、この灌木林に放牧されている。一軒の家で多いときは四、五頭だが通常一、二頭である。一週間に一度首に木鐸《ぼくたく》をつけているのでこの音で誰の水牛かがわかるし、所在もわかる。一週間に一度程度飼い主は灌木林の辺縁に行き、水牛を呼ぶ。水牛は用心深い動物で、飼い主以外の他人がいるとなかなかでてこない。でてきた水牛に塩を与える。一週間に一度塩を与えることで水牛は、飼い主をよく認知している。ブッシュの中にいても飼い主の呼び声で降りてくる。こうして、長い放牧期間中でも水牛と飼い主の関係は維持されていく。放牧中の水

図21　山に放牧されている水牛
一週間に一度くらい、水牛を口笛で呼び寄せて塩を与える。

牛に塩を与えることは、人が水牛を馴《じゅん》致《ち》させる知恵であろう。この方法は、生物としての水牛の生存に不可欠な塩を与えるところだけに介入し、それ以外は干渉しない方法のようにみえる。動物の家畜化とは案外こんな過程を経てきたのかもしれない。これは明らかに人と水牛の間でギブ・アンド・テイクの関係が成立しているのである。食われたり売られたりするため飼育されている豚や鶏と異なっていて、塩を嘗《な》める水牛の姿は、人と動物の関係を再考させずにはおかない。つまり豚や鶏がある意味で完全に家畜化されたものとすれば、水牛と人との関係でいえば半家畜化のような状態にみえるのである。

ヤマビル

水牛が山から降ろされて集落で繋留《けいりゅう》されることがあるが、近くに放し飼いにされている鶏がこの水牛の二つに割れた蹄《ひづめ》をめがけて近寄る。当初はこの行動の意味がわからなかったが、水牛の蹄の割れ目にはよくヤマビルがついている。鶏はこれを狙っていたのである。四月から一〇月の終わりころまで海南島は雨季である。この季節に山に入るのは私たちのようなヤマビルに馴れていないものは勇気がいる。

ヒルと総称される生物は、世界で約三〇〇種、日本でも六〇種近くいるとされている。水棲《すいせい》のものが多いが一部山地の湿地《しっち》に生息するものもある。環形動物門ヒル綱に属し、四つの目があるが、ヤマビルは顎ビル目に属する。海南島のヤマビルもこの種に近いと思われるが、ヤマビルの生活史はあまりよくわかっていない。

いずれにせよ海南島山間部の雨季のヤマビルのすさまじさは言語に絶する。少し湿った緑陰の山道を歩くともうなにもできない。ひたすらヤマビルとの格闘である。日本では房総半島の清澄山と沖縄西表島《いりおもてじま》以外には出会ったことがなかったが、最近は日本でも増えているらしい（永田賢之助『ヤマビル』秋田魁《さきがけ》新報社、一九九七年）。リー族の人びとはトウニャウという塩の袋をつけた竹の棒を持ち歩き、塩でいとも簡単にヤマビルを撃退するが、私たちにはなかなかむつかしい。

水牛が灌木林でヤマビルの攻撃を受けるのは湿地を好む動物だけに当然であろう。こうした焼畑の上部にある二次林や自然林の山道の縁に移植されたトウ類がある。トウには二種類あり、どちらも結束材として使っている。トウの逆棘はすさまじいし、ヤマビルはいっぱいいるから、雨季でのトウ採取は不可能に近い。山での採取活動は、雨季の始まる前で一期作目の田植えが終わっている三月がもっともいい。他の採集物も同じで先に述べたキワタの花の採集もこのころである。雨季でヤマビルが活動する時期には、村人もあまり山には入らない。これは結果的には林産物の採取時期を限定していることと同じことであり、人間の生業暦を生物の生活史に適合させることになっている。

生活と環境資源

環境の中の多くの動物や植物を生活資源として使用しているリー族の生活世界は、いままでみてきたように身の回りの人為的な自然環境と深い関係をもって成立している。しかし、この関係性は生活の近代化とともに徐々に変化してきている。リー族の家は五指山市の多くの村ではもはや漢族式の家になって屋根はすでにスレート葺《ぶ》きであることが多い。けれども私が多く滞在した初保村では一軒の家を除きすべてがチガヤで屋根を葺いていた。家の形式も漢族式ではなく伝統的な家も混じっている。漢族式の形式になっていても、チガヤで屋根を葺くと彼らは軒のずいぶん下まで屋根を垂らしている。このチガヤは彼らが山焼きを維持してきた草原のドミナントな構成種であった。しかし、山焼き禁止で草原はなくなり灌木林化したり、植林地になって屋根葺き材としてのチガヤは不足している。当然、トタン屋根やスレート葺きが多くなっていくだろう。

生活を近代化するということは単に屋根をスレート葺きにしたり、インフラを整備するだけにとどまらず、生活資源としてのあらゆる動物や植物を含めての環境と人の関係性が変化することである。伝統的なものを観光資源として利活用することは、日本の中でも盛んにおこなわれている。海南島でも五指山の山麓にある水満村はそうした観光資源として開発がまさにおこなわれている。日本の町並み保存や観光村のように伝統的なものだけが、身の回りの環境から切り取られて保存されても、高度資本主義ゆえにある程度なりたつ。しかしリー族のように身の回りの環境を生活資源として使う生活世界では、それは成り立ちにくい。世界の多くの農村や山村あるいは漁村でも同じことであろう。

環境民俗学や生態人類学は決して環境に関する伝統的な知識を賛美しているわけではない。それは人がどのように環境と関わりをもって生活を成り立たせているのかを知ることから出発している。また、そうした生活世界は、伝統的な知識を応用すれば環境保全との調和的な生活世界の近代化が成し遂げられるほど単純なものでもない。生活資源としての環境と人の関係性は、複雑である。ある関係性は相互に補完的であり、ある関係は対立的であったり独立的であったりする。そして、生活資源としての環境と生活資源ではない環境との関係もまた複雑である。生態学があつかう複雑系としての生態系は依然として未知のことが多い。人間が加わった環境—人間系はもっと複雑であり、環境問題を内包する生活世界の解明は、まず生活資源としての環境と人の関係性を明らかにする以外にはないであろう。

不毛の地に生きる畑作民

エチオピア・コンソの人びと

不毛な地に暮らす知恵

農耕への関わり方

雲南《うんなん》省のヤオ族や海南島リー族の人びとの生活様式を自然とのかかわり方で表現するなら、それは自然利用のジェネラリストといえるだろう。「自然利用のジェネラリスト」を農耕の一方の極とするなら、反対の極は「自然利用のスペシャリスト」である。この二つを対比させ、農耕の二つのありかたを論じたのは人類学者、掛谷誠さん（前掲論文「焼畑農耕民の生き方」）であるが、その根底には欧米の集約的な農耕への批判が含意されている。日本の農耕などもどちらかといえば欧米と同じような集約的な農耕への道を辿ってきたと思われる。しかし、それは平野部での平地農村に典型的にみられる特徴で、山村と呼ばれるようなところでは後にみるように「自然利

表1　二つの生活様式

非集約的生活様式（エキステンシブな生活様式）	集約的生活様式（インテンシブな生活様式）
非集約的農耕（エキステンシブな農耕）	集約農耕 インテンシブな農耕
低人口密度型農耕	高人口密度型農耕
「労働生産性」型農耕	「土地生産性」型農耕
多作物型	単作型
移動的	定着的
共有的（総有的）	私有的
自然利用のジェネラリスト（農耕への特化が弱い）	自然利用のスペシャリスト（農耕への特化が強い）
安定性	拡大性
最小生計努力（過少生産）	最大生産努力（過剰生産）
平均化・レベリング	差異化
遠心的	求心的
分節的	集権的

注　掛谷誠「焼畑農耕民の生き方」高村泰雄・重田真義編『アフリカ農業の諸問題』（京都大学学術出版会、1998）より。

用のジェネラリスト」の側面は多くみられた。「自然利用のジェネラリスト」と「自然利用のスペシャリスト」については、とりあえず前者は「農耕への特化が弱い」生活様式であり、後者は「農耕への特化が強い」生活様式のありかただと考えておきたい。つまり農耕だけで生活することと農耕以外にもさまざまな生業を含んでいる生活だと考えていいが、もちろんジェネラリストからスペシャリストの間にはスペクトルのようにいろいろなタイプがありうる。一般的にいって「自然利用のジェネラリスト」の住む環境は比較的自然の豊かな地域といえる。一方、「自然利用のスペシャリスト」の住む環境は、不毛な地や豊かであった自然環境を画一的な人為的環境にすでに変えてしまった地域が多い。一九九〇年から一九九八年までの約九年間、毎年のように数ヵ月をエチオピア南部に住むコンソの人びとと生活を共にした。

コンソの環境

ここは日本の農山村や中国海南島のリー族の人びとあるいは現在調査している雲南省の山間部と異なって、まわりには森林と呼べるような自然は一切なく、玄武岩《げんぶがん》でできた段々畑がえんえんと続くところである。当初はあまりに異様な景観と生活風景に驚いてばかりであった。しかし、長く住んでみるとそれはそれで何事にも理由があり、首肯《しゅこう》できることが多くなるから不思議である。

コンソと呼ばれるエスニック・グループはエチオピアの首都アジスアベバから南に約六〇〇キロ行ったところにある小山塊に住む人びとである。コンソの住む世界は、アフリカの大地溝帯リフトバレー内の小山塊である。一五〇〇メートルから一八〇〇メートルの山塊がリフトバレー内で隆起《りゅうき》したと考えられている。この山塊を構成する主要な岩石はバサルト（玄武岩）である。コンソはこの割れやすい節理をもったバサルトがいたるところに露出する山塊で畑作農耕をおこなってきた。石だらけといってもいい不毛な地である。雨季と乾季ははっきり分かれているが、年間雨量は比較的多く一二〇〇ミリから一六〇〇ミリある。この雨量に支えられて、この不毛な地で天水農耕が可能なのである。

この小山塊は東西約七〇キロ、南北約三〇キロの中に入る。私の調査当時に、この中に三四の村があった。それも小山塊の山上に密集した集落を作るのが、コンソの特徴である。コンソは言語学的には東クシ系の集団に属している。南には遊牧民ボラーナがいて敵対関係にあった。北側には農耕民ギドレがやはり山塊に住むが、友好的な関係である。東西の領域も他のエスニック・グループと接しているが、コンソ側では人があまり住んでいない地域である。

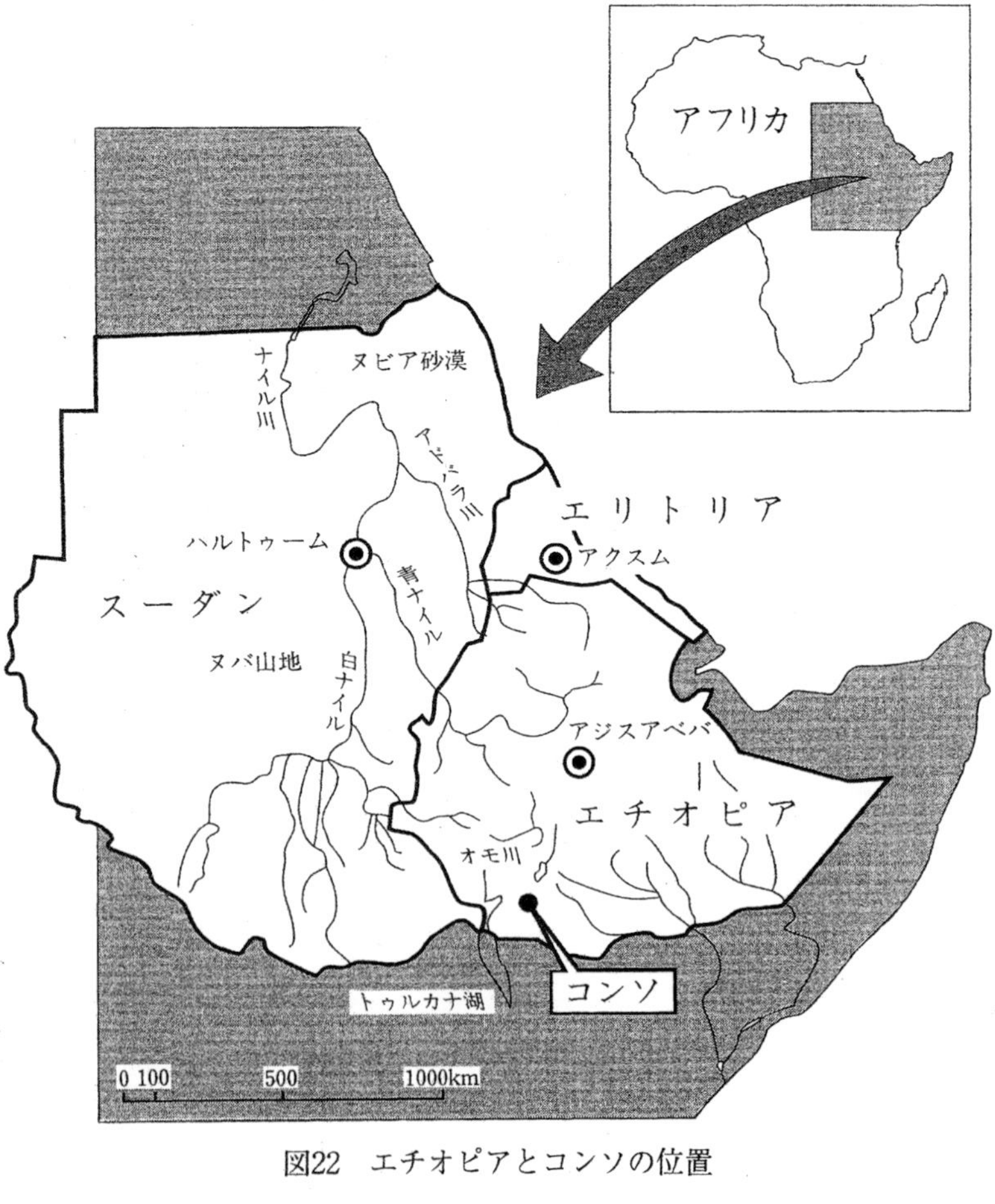

図22　エチオピアとコンソの位置

栽培される穀物

　さて、畑作という農耕に特化した「自然利用のスペシャリスト」は、どのような栽培植物を栽培してスペシャリストなのであろうか。主要な栽培植物は三二種類を数えた。栽培植物はほとんどのものが自給用食料になるものが多い（篠原徹「エチオピア・コンソ社会における農耕の集約性」掛谷誠編『アフリカ農耕民の世界―その在来性と変容―』京都大学学術出版会、二〇〇二年）。エチオピアはバビロフが世界の栽培植物の主要な起源地五つのうちの一つとして挙げた地域である。モロコシやベニバナもその可能性があるといわれている。しかし、なんといっても重要な穀物はテフ（イネ科 *Eragrostis tef*）と呼ばれるカゼクサのような栽培植物である。この世界最小の穀物は、インジェラというエチオピア独特の発酵パンの材料になる。エチオピア高原とくに首都アジスアベバから南側は、山塊が緩やかで女性的な姿が続く。この丘陵上に風が渡ればテフのなびく姿で風の行方さえわかる。エチオピアでは一五〇〇㍍以上の高地ではテフの栽培が可能といわれている。アジスアベバですでに二四〇〇㍍の高度であるが、それを囲む山々の中の村では三〇〇〇㍍近くになりそこではさすがにテフの栽培はむつかしく、主として寒さに強いオオムギ栽培が主流である。

　もう一つユニークなエチオピアの栽培植物は、エンセーテ（バショウ科 *Ensete ventrico-*

sum）というニセバナナと呼ばれる植物である。この植物の茎や根茎《こんけい》に含まれる澱粉《でんぷん》を利用するのであるが、一般的にコチョと呼ばれる発酵澱粉として食される。この辺の事情はエチオピア南部に住むアリの人びとの調査をおこなってきた重田真義さんの論文に詳しい（重田真義「ヒト―植物関係の実相―エチオピア西南部オモ系農耕民アリのエンセーテ栽培と利用―」『季刊人類学』一九―一、講談社、一九八八年）。アフリカ全体の食物については最近小川了さんがまとめている（小川了『アフリカ』『世界の食文化』一一、農山漁村文化協会、二〇〇四年）。アフリカの食事体系の特色の第一は、主食と副食が同じ器の中に存在するという方式である。第二にはアフリカの食事は「かむ」より「のむ」ことが特徴的である。そして第三には食事は熱いものでなければならない。この三つの特徴を小川了さんは挙げている。もちろん、広いアフリカ大陸のことであるので、例外は多いことも小川さんも指摘してしているが、なかなか興味深い指摘である。

コンソの食事

ではコンソの主要な三二種類の栽培植物の中心はなんであろうか。それはモロコシ、コムギ、トウモロコシ、キャッサバである。中でもモロコシは重要である。コンソの農耕を語るにはまずコンソの食生活を述べる必要がある。これは通常私たちの食生活と基本的に異なる面があるからである。コンソの主食は醸造ビールである。一日四回の食事をとるが、早朝はホラと呼ばれるコーヒーの葉を乾燥したものを臼《うす》と杵《きね》で搗《つ》いて煮出したものである。少々、塩を入れて飲むが、これと昨晩の残りのダマである。ダマはソルガムやコムギを挽いて粉にしたものを団子《だんご》にして、土器でミダ（後述するシャラギッタのこと。一緒に煮る葉の意）の葉と一緒に煮る。ダマを食べながら塩入りコーヒーを飲むのである。午前一〇時ころと午後四時ころは、モロコシやコムギあるいはトウモロコシやキャッサバから作られた醸造ビールを食事毎にヒョウタン二杯ほど飲む。これはチャガと呼ばれるが、これこそが彼らの主食なのである。就寝前に、といっても午後八時ころなのであるが、ダマを作るかあるいは豆やジャガイモ、サツマイモがあればそれを土器で煮たものを食べる。チャガはモロコシとコムギで作るのが最上であるが、年中あるわけではないので、枯渇《こかつ》したときはトウモロコシやキャッサバが材料になる。

その他にもチャガの材料になる栽培植物がある。ヒモゲイトウ、シコクビエ、ヒマワリ、ベニバナなどの種子である。量的にはそれほど多くは作っていない。変わったものではコンニャクがある。東南アジア原産のコンニャクイモをコンソでみようとは思わなかったが、コンニャクイモを乾燥して粉にしてチャガの材料にしていた。主成分のマンナンが発酵《はっこう》するのかどうかわからない。もう一つコンニャクによく似たアリセーマ属の仲間も栽培して

表2　サウガメ村の主要栽培植物一覧

コンソ名	和　　名	備　　考
ウンダ	モロコシ	醸造酒チャガ、ダマ用葉菜
カッパ	コムギ	醸造酒チャガ
ボコローダ	トウモロコシ	醸造酒チャガ、ダマ用葉菜
モッカタ	キャッサバ	醸造酒チャガ、エドダ
パガンナ	コンニャク	醸造酒チャガ
パーサ	ヒモゲイトー	醸造酒チャガ
パラッシャ	シコクビエ	醸造酒チャガ
カシェナ	ヒマワリ	醸造酒チャガ
シューヘダ	ベニバナ	醸造酒チャガ
ティニッシャ	サツマイモ	エドダ
クッルマ	ジャガイモ	エドダ
ポッテーダ	カボチャ	エドダ
クルデーダ	キマメ	エドダ
ネッカタ	レンズマメ	エドダ
ヒダナ	ヤムイモ	エドダ
サルドーダ	ヒヨコマメ	エドダ
ハガラ	アブラナ科	ダマ用葉菜
テイリャ	キャベツ	ダマ用葉菜
ミットミッダ	トウガラシ	香辛料
トューマ	タマネギ	香辛料
ニャンニャン	トマト	香辛料
フートダ	ワタ	織物用作物
タンボーダ	タバコ	換金用作物
ラハンナータ	ヒョウタン	容器の素材
ムーセダ	バナナ	換金用作物
プニッタ	コーヒー	葉はホラ用葉菜、豆は換金用作物
アガタ	サトウキビ	換金用作物
パパヤ	パパイヤ	換金用作物
デュバナ	エンセーテ	換金用作物
	(学名)	
シャラギッタ	*Moringa stenuputera*	ダマ用葉菜
ゲーショダ	*Rhamnus prinoides*	酒用発酵促進作物
チャテーダ	*Catha edulis*	換金用嗜好品

注　ダマはモロコシなどの団子で、野菜と一緒に煮て朝食べるもの。ホラとはコーヒーの葉を煮出して塩を入れた朝食用の飲料。エドダは4回の食事の最後のものをいい、マメやキャッサバなどを煮たもの。

図23　モロコシの栽培
畑にはさまざまな植物が植えられている。

いた。

朝食や夜食には、豆類やイモ類を土器で煮ていたが、ジャガイモ、サツマイモ、ヤムイモ、キャッサバ（ビターの有毒のものではないのでそのまま煮て食べられる）などのイモ類とキマメ、レンズマメ、ヒヨコマメである。これらを葉菜と一緒に煮てダマとして食べる。この葉菜は、コンソの言葉でシャラギッタというが、モリンガ科 ***Moringa stenuputera*** のことである。コンソの畑にはこれが必ずといっていいほど植えられていて、この樹木の新葉をダマに入れるのである。日本でも以前は木本の若いときの葉をカテ飯の増量用に使っていた。リョウブ科のリョウブやウコギ科のウコギは有名な葉菜である。これらは野生のものであるが、シャラギッタは、移植され保護されているという意味では栽培植物に近い。コンソの人がもっともよく使う野菜だと考えればいい。

市場での交換

香辛料としてつかうトウガラシ、トマト、タマネギもわずかに植えている。コンソには三四の村があるが、毎日どこかの村でマーケットが開かれていて、コンソ内部の人が多いがコンソ外の人もものを買い付けにくるのは換金作物のコーヒーの豆とチャットと呼ばれる覚醒《かくせい》効果のある葉である。バナナの実、サトウキビ、パパイヤ、タバコの葉、ワタ、エンセーテなどもあるにはあるが、これらはコンソ内に住むエチオピアの支配民族であるアムハラや商人たちが購入するにすぎないので、多くは栽培していない。チャットには説明が必要であろう。このチャットはチャテーダ *Catha edulis* のことであるが、エチオピアではとくにモスレムの人びとの嗜好品《しこう》として有名である。エチオピアの東部のディレダワやハラールではチャットのマーケットがあり、ジブチやアラビア半島からも商人がいいものを買い付けにくる。コンソの人も時には嗜好するが、それほどではない。若い葉をピーナッツや砂糖と一緒に口の中で噛んで、少量ずつエキスを嚥下《えんか》するとやがて覚醒効果がある。試験前の学生や長距離トラックの運転

図24　コンソの山上で開かれる市場

手が好むが、この苦さたるや尋常ではない。

耕地の景観　おおよそコンソの人びとが栽培している植物を概観してみたが、コンソの農耕の特徴はこれらの栽培植物にあるというより、その栽培方法にこそ大きな特徴がある。日本を含め水田稲作農耕を基本としているアジアの農村は、集落は山麓《さんろく》にあって集落の前には水田が広がり、家の背後の山裾《やますそ》に畑が展開する形態が多い。焼畑は畑よりさらに奥の山の中にある。もちろん居住方法や形態は地域によって異なるし、さまざまな生業の比重のかけ方によって同じとはいえない。ネパールのような地域では日本の集落のありかたとは反対に、山腹の集落の前には畑が広がり、集落から遠い山麓に水田が展開する場合もある。その理由には畑作重視と山麓でのマラリアを媒介《ばいかい》する蚊を回避する人類生態学的な要因が考えられるとしている。コンソの山頂での生活もこのことは指摘できる。コンソは標高差九〇〇㍍下のサガン川の河岸段丘や川岸でイェロと呼ぶ大きな畑を開墾《かいこん》しているが、ここではマラリア蚊が多く危険な地帯であることを村人も十分認識している。だから出作り小屋は川岸ではなく、そこから二〇〇㍍ほど上がった山稜《さんりょう》の突端に作る。サガン川は猛烈に暑く、調査のため持参した温度計は五〇度を超えたため水銀柱があがりきってしまい使えなくなってしまったほどである。ここでの作物もトウモロコシが主であった。トウモロコシの下にはラハンナータと当地で呼ぶヒョウタンも作っていた。ヒョウタンは、主食である醸造ビール、チャガを飲む容器として重要である。サガン川の猛烈な暑さのため、この地域に調査にいくのは本当につらかった。一〇分と歩いていられないのである。そのうえ夕方にはマラリア蚊の襲来がある。風のある標高差二〇〇㍍の出作り小屋に夕方登るのは、苦痛以外なにものでもなかった。しかし、マラリア回避のためには仕方のないことであった。コンソが山頂に住むのは、このマラリア以外に周囲の遊牧民との敵対関係による襲撃がかつてあったためというが、どちらも正しいであろう。いずれにせよコンソの畑作農耕は水田稲作農耕に特化した典型的なアジアの村とは居住形態、農耕技術、食生活そして村を含んだ周辺の景観がまるで異なる。

コンソの畑は、三二種類の栽培植物が混植されている。一筆《ぴつ》の畑の中には数十種の栽培植物が植えられているのが普通である。したがって、それぞれの栽培植物の収穫時期がずれるので、収穫作業はたいへんである。一気に刈り取るということは不可能である。基本的には多くの作物は穂摘みされる。この方法はコンソの生活に適応しているといえる。収穫量が多いモロコシやトウモロコシの茎は穂摘みされたままになっているが、適当な時期にこれは下から鎌で刈り取られ家に運ばれる。これらの茎は、コンソの家で舎飼《しゃが》いされているコブウシやヤギ、ヒツジの飼料とされるからである。コンソの女たちは、夕方畑から家に帰るとき必ずといっていいほど大量のモロコシやトウモロコシの茎を背中に担いで家路につく。

聖なる森と土地の開発

コンソの居住する山塊は前述したように玄武岩だらけの不毛な地である。この地にコンソが入植する前の潜在自然植生がどのようなものであったのかをわずかに示す森が三ヵ所ある。この三ヵ所の森は聖なる森として樹木が伐採されずに残されている。その一つに一人の老人とその家族が住んでいる。コンソに

図25　コンソのストーン・テラシング
畑の中にある木は葉菜として使うシャラギッタの木。

は九つのクラン（氏族）が存在し、この九つのクランの統合の象徴として近隣の人びとが彼を養っている。交代は一三年に一度の大きな祭りのときにおこなわれる。この様子はエチオピアの人類学者タダッセ・ウオールデが報告しているが、なぜ森がそのままでなければならないのかはわからない。伐《き》らずの森である三ヵ所は、コンソの生活領域全体からみればとるに足らないものである。儀礼のために、クランの象徴的な統合の体現者である森の主はここで世俗との関わりを断って生活している。コンソがこの地に移住し土地の徹底的な開発者として君臨《くんりん》するようになってどのくらいの時間が経ったのかはわからない。けれども、これほどの土地の開発者は近隣のエスニック・グループにも存在しない。畑の内部構造をもう少し詳細にみていくことにしよう。この畑を作る技術にもコンソの見事な開発者としての適応をみることができる。

コンソの地に立ってみると、マルハと呼ばれる鉄砲水《てっぽうみず》がときどき襲う枯れ沢の周辺ぐらいにしか野生植物はない。それももし仮にこの地がかつて聖なる森のようであったとしても、その森のマント植物やソデ植物のようなものが残存したとしか思えない比較的低木の樹木ばかりである。山頂から常時水が流れるサガン川まで標高差一〇〇〇メートル《メートル》まで、彼らはいとも簡単に上がり下がりするが、そこは一面は畑しかないという光景である。山頂近くの集落周辺では、畑は堅固な玄武岩で囲まれたストーン・テラシング（石積みの段々畑）なのである。畑によっては段差は数メートルあり、積み上げられた玄武岩は城壁のようである。上と下の畑を行き来するため、この石壁の法面《のりめん》に石が突き出て階段を作ってあるところもある。コンソの畑を語るにはまずこの畑の作り方から始めなければならない。

畑と水の制御

コンソの畑は一筆一筆石垣で囲まれているが、その一つの畑をヘランダという。等高線に沿ってこのヘランダが階段状にえんえんと続く。山から下りるとき、つまり集落から畑に行くときは、この等高線に並んだヘランダが切れているところが山道になっていて、こうした山道の両脇のヘランダの石垣は高くなっている場合が多い。山上で大雨が降るとこの山道は川のようになるが、両側が石垣になっているので、大水が畑を壊すことは少ない。実は、畑そのものも大水には対処できるようになっている。コンソではヘランダの石垣をカワタと呼んでいるが、このカワタをよく観察すると、ある畑の上部のカワタの一番下側は、石がないところがありその周りを頑丈な石組みでこの穴を保護しているところがある。大水が出て、畑を冠水《かんすい》した水が浸みていき、この穴を通って下に流れる仕組みなのである。

コンソでは雨季と乾季は明瞭であり、雨季のときしばしば大雨が降る。しかし、私が観察した限りでは、大水によって畑のヘランダが破壊されることはほとんどなかった。道の両脇のヘランダでは、石組みが山道側に作られていて、水は水路と化した道に流れ出る仕組みになっている。このオーバー・フロー・システム（浸水制御システム）があればこそコンソの見事なストーン・テラシングは維持できる。天水《てんすい》農耕であるから基本的には灌漑《かんがい》は不必要であるが、湧き水のでるところでは、石を巧みに使った小規模な灌漑もある。こうした畑には水分要求の高いバナナやエンセーテあるいはタロイモなどがよく植えられている。

図26　石段に作られた水抜き装置

コンソでは集落は山上にあり、畑は周囲に扇状《せんじょう》に下に広がっていく。コンソは一筆の中に多種多様な作物を植えることによって、結果的には特定の作物の不作に対してリスク回避をおこなっているようにみえる。海南島のリー族でも焼畑の中にコンソほどではないが、多くの栽培植物を植える。自家消費用の根菜類や野菜類あるいは豆類であるが、植え方は一筆の焼畑内部の中である程度のまとまりをもって植えられている。コンソの場合は、モロコシ、トウモロコシ、コムギなど主要なものが全面に散播《さんぱ》され、その間の空いたところにキャッサバ、キマメ、シコクビエ、ヒマワリ、ジャガイモなどが植えられている。海南島のリー族の焼畑のような場合を混作、コンソのような場合を混植と呼び分けてみたい。混作と混植では収穫の手間が大きく異なる。コンソがどうして混植を志向するのかわからないが、むしろそれは農耕技術というより彼らの土地不足に原因がありそうである。

増える人口と畑作の工夫

コンソの人口は一九九一年当時から約一〇年間で相当増加している。私が調査してきたサウガメ村でも新たに枝村が二つできたことでもうかがえる。一九九八年にはコンソの人口は政府統計で約一五万人であり、彼らの領域を一二〇〇平方キロと見積もると人口密度は一平方キロあたり一二・五人となる。しかし、実際は他のエスニック・グループと境界をなす地域はほとんど人も住まないし畑もないので、この数字はもっとあがるはずである。境界になっている地帯は、マラリアの猖《しょう》獗《けつ》、遊牧民との境界をめぐるコンフリクト（紛争）、暑さによる労働の困難性などによって、いままではあまり利用されてこなかった。しかし、私が調査していた一九九一年の終わりごろには、コンソの南側にいた遊牧民ボラーナとのあいだに平和協定が結ばれ、コンソは土地の賃借料を払ってボラーナの領域に進出していくことになった。こうなるとコンソの勤勉性はいかんなく発揮され、一九九三年には、サガン川を越えはるか五キロまで畑がボラーナの領域に広がっていた。

一九九一年には、ボラーナとの主要な境界線はサウガメ村から約九キロ下ったサガン川であった。サガン川の河岸段丘のコンソ側はイェロと呼ばれる灌漑を伴う畑が開発されていたが、向こう岸は開発されていなかった。そればかりではない。私が泊まることにしていた出作り小屋はサガン川から二〇〇メートルほど上がったところにあったが、出作り小屋は密集して建てられていた。サウガメ村の人によればボラーナのときどきの襲撃に備えたものだという。そして、出作り小屋の周辺には塹壕が掘られ、夜中にはボラーナの襲撃に備えて見張りが銃をもって歩《ほ》哨《しょう》がたった。出作り小屋がサガン川から高い位置に密集してあるのは、マラリア対策もあったであろうが、むしろボラーナの襲撃への恐れもあったと考えられる。

この制約が解かれてからのコンソのボラーナの領域への進出はすさまじい。それほど土地は不足していたのである。農耕民は、ときどきしか遊牧にこない領域に密かに農耕地を作り、それをみつけた遊牧民が畑を焼き払い、ときには家畜収奪のため出作り小屋を襲撃する。この緊張関係が続いていたのは主として農耕民コンソの土地拡大の意欲が原因であった。コンソの人びとが自己の領域内のほんのわずかな空間でも徹底的に作物を植え土地

図27　サガン川の川岸から200メートルあがったところに密集する出作り小屋

を利用するエネルギーは、新たに土地利用が可能になったボラーナの境界領域で一気に爆発したといってもいい。コンソの人びとは土地利用を徹底し農耕地に執着している。

山上に住むサウガメ村の人びとは、サガン川まで標高差九〇〇㍍の斜面を利用している。土地に制約のある人びとは、土地の生産性を上げるため精緻な技術を開発している。ストーン・テラシングは、ときどきの大雨に対する水抜き装置を備えたものだし、土地を耕作すればいくらでも出てくる玄武岩の除去装置でもある。しかしそれだけにはとどまらない。多様な栽培植物の「種の多様性」とモロコシやコムギの「品種の多様性」の栽培方法には、もう一つ生産性を確保するソフトな農耕技術が含まれる。それは高度差を利用する農法である。標高一八八〇メートルにある山上の集落周辺の農耕地は、寒暖の差は乾季雨季を通じてあまりなく、摂氏一六度から二五度程度である。ただ、標高九〇〇メートルのサガン川周辺は暑いときなら摂氏五〇度を超えることがある。わずかな距離しかないが、山上と川岸では雨季乾季の始まりと終わりは二ヵ月ほどずれる。このずれがコンソの穀物の安定的な収穫量を保証する重要なものなのである。たとえばモロコシの収穫も山上と川岸では二ヵ月ずれることになり、上でまだ収穫できないときに川岸では収穫できることになる。これがほとんどの作物に当てはまる。サウガメ村の人が、山上で穀物不足になったとき、サガン川の出作り小屋に貯蔵している穀物を取りによく下に降りる光景がみられる。

誇り高き自給的農業

地域自給的農業

コンソの農業は、いわゆる欧米の近代的な農業の影響をあまり受けていない。近代日本の農業は、近世まで内発的発展を遂げてきた農業と欧米の近代的農業技術の影響を受けてきた近代の農業の混淆《こんこう》という特徴がある。コンソの農業は自生的に内発的に発展させてきたものである。このことはいたるところが現在政治経済にとどまらず文化までがグローバリゼーションという波に洗われている現状からみると希有《けう》のことのように思える。しかし、つい最近までの世界では、欧米の農業の近代化などの影響を受けない地域のほうが多かった。そしてコンソという社会は、古くから換金作物として栽培しているコーヒーとわずかに栽培しているチャット以外に外部経済と直接結びついているものはない。コンソで開かれる七つのマーケットをみると、そこにあるのは生業経済とはいえても商品経済とはいえない。若干コンソの外側にあるエスニック・グループを巻き込んだ地域経済圏は成立しても、その外部とのつながりは特定の商品（鉄や塩や衣服）以外はない。地域で消費されるものばかりであり、地域自給性の強い社会である。コンソの農業はこの地域社会に適応しているからこそ、特異な形態をとっている。農業という技術は、一方ではそれを媒介《ばいかい》にして人間と自然が関係しているが、他の一方では地域社会と強く関係している。したがって、農業のありようの多様性は、人間と自然の関係性の多様性であると同時に地域社会の多様性を表現することになる。

畑の管理

サウガメ村の人びとは、高度差を収穫期のずれとして利用していたが、品種の多様性もうまく利用している。コンソの主食はチャガと呼ばれる醸造ビールである。このチャガの主要な材料はモロコシ、トウモロコシ、コムギである。これらの栽培植物にはいくつかの栽培品種があり、それぞれ適地に植えられている。モロコシは民俗的な分類で一六品種があった。もちろん遺伝学的なレベルでの品種とは異なるが、穂の形態や種子の味や色、茎が短稈《かん》か長稈の差、種子の硬さなどで区別している。モロコシの中の二つの民俗的な品種を例に彼らがいかに高度差を利用しているかを述べてみよう。

コンソの畑作農耕にとって大敵は鳥害である。コンソ・ランドは徹底的に開発されているため、大型の哺乳類《ほにゅう》などはほとんどいない。かつてサガン川にはワニもいたというが、現在では小さな魚類しかいない。なんといっても集落内に巣くうネズミと収穫期に作物を狙う鳥類が問題である。コンソの人びとは山上に住んでいるため、彼らの畑は下に降りれば降りるほど畑は扇状《せんじょう》に広がっていく。つまり一筆《いっぴつ》の面積も筆数も増えていく。収穫期には子どもたちが畑の中に作られた台の上で終日鳥追いをする。クッルマと呼ばれる投石機を使う。これは樹皮で編んだ紐が真ん中だけ少し広がっている。ここに石を挟んでクルクル回し、鳥が作物をついばんでいるところに投げる。大人の男たちはカッチェーダという道具を使う。これはやはり樹皮で編んだ長い紐であるが、水に浸してこれを振り回す。振り回している紐を反転させ、長い紐同士をぶつかりあわせて音をだす。この音は、最初聞いたときは銃の音ではないかと聞き違えたほどの大きな音である。男たちはたまにしかこれをしないので、鳥追いはほとんど年端《としは》もいかない少年や少女の仕事である。

標高差九〇〇メートル《メートル》の中に、二二六世帯の畑が隙間なく展開していれば、自分の畑の鳥追いをすべておこなうことは不可能である。そこで、彼らは山上の集落に近いところではチャガの材料として優秀な、また実も茎（この品種は茎は子どもおやつである）も甘い品種を植えて、積極的に鳥追いをする。標高の低いところつまり集落から遠く離れた畑では、実も堅く甘みもないモロコシの品種を植えて、少しでも鳥害を少なくしようとする。彼らは、この品種のモロコシは堅くて鳥も容易には食べられないという。鳥害を最小にするため、モロコシの品種を選択するのである。

畑のほとんどは天水《てんすい》農耕であるため、灌漑《かんがい》施設をもっていない。しかし、降った雨を有効に使うためコンソは巧みな工夫をしている。一筆の畑は、カワタと呼ばれる石垣で囲まれている。このストーン・テラシング（石積みの段々畑）は、自然地形の等高線に沿って作られるが、一筆の大きさはほぼ等しい。地形的な制約がある場合は、ヘランダと呼ぶ一筆の約半分のハルガを作る。急斜面になっていて上下の畑の段差が激しい場合は、途中に幅五〇チセン程度のサガリッタと呼ぶ極小の畑を作る。段差が激しいものを作るより、大水による破壊がはるかに緩和される。コンソの石工としての技術はきわめて優秀であり、それは集落作りにも生かされるが、それは後述しよう。

ストーン・テラシングは畑作農耕であるから、同一場所にある栽培植物だけを単作的に植えれば当然忌地現象や連作障害が起こると考えられる。しかし、コンソの一筆内に数十種を植える混植栽培はそれを阻止している可能性もある。もちろん、畑が疲れて収穫量が

図28　菜園畑で除草するコンソの人

落ちてくることはコンソの人びともよく知っていて、こうした畑はしばらく休閑する。このことをイラフテと呼び、ときどきみかける。

コンソの人びとの畑に対する執着は並大抵のものではない。除草はもちろんのことであり、男も女も熱心に草をとる。この除草にも細心の注意を払っていて、除草したあと活着の悪いものは畑内に肥料として残すが、活着のいいものは道や石垣の上に放りだされる。もっとも嫌われるのは、ストリガ（*striga sp.*）の仲間で、これは彼らの主食チャガの材料モロコシの根に寄生する植物である。これをみつけると自分の畑であろうと他人の畑であろうと引き抜く。

混植の工夫

この一筆の畑の中での栽培方法におもしろい工夫がある。畑は多くの栽培植物が植わっているときには、単に平坦な普通の土地のようにみえる。キマメやモロコシの収穫を手伝ってみて気づいたことであるが、実は平坦ではない。ヘランダは全体からみると、大きな二つの窪みになっていて、周囲が高くなっている。そして、水分要求の高い栽培植物は窪みの中に、水分要求の高くない栽培植物は窪みの周囲の高いところに植えられている。

この窪みはヘランダの大きさによって一つであったり二つであったりするが、観察によれば一年生栽培植物は基本的には窪みの中にあり、キマメ、キャッサバ、コーヒー、チャットなどの多年生の樹木は窪みの周囲に植えられている。窪みとその周囲は一種の畝《うね》と考えていいものだが、こうすることによって雨の水を長い間蓄えることができるのである。

コンソでは雨が降ると「ワーガ・ローブニー」といって人びとはたいへん喜ぶ。集落内や道は泥濘《でいねい》でたいへんなのであるが、人びとはいっこうに気に留めない。「ローブニー」とは雨のことであるが、「ワーガ」はあえて訳せば「精霊」である。雨を精霊のもたらす恵みと素直に喜べるコンソは、本当に真正な農民なのだと観察者である私は実感した。この「ワーガ」にはいろいろな精霊ではなく祖霊のシンボルであったり、村を守る祖先神であったりして多義的な使われ方をする。しかし、雨が降りだしたとき、雨に濡れないように小屋に走ったり樹木の陰に避難するとき、みんな「ワーガ・ローブニー」と口走りながら逃げるのである。

三二種類の栽培植物をストーン・テラシングで作り、それを醸造ビール、チャガという主食に変えて自給生活を送るコンソは、畑作農耕に特化した「自然利用のスペシャリスト」というにふさわしい。このことは強調しても強調しすぎることはない。したがって、ストーン・テラシングの畑作農耕以外の生業活動も、ストーン・テラシングという農耕を中心に展開することになる。人は農耕だけでは生きていけない。多くの地域では、農耕以外の生業も多くおこなっている。これを生業複合といっているが、ある主要な生業とその他の生業の関係性には二つの方向性があることを指摘したのは、前述した安室知さんである。

生業複合論

安室さんの研究対象は日本の稲作文化を生業という観点からみるもので、水田稲作以外の他生業のありようを水田稲作に内部化する場合と併立化《へいりつ》する場合の二つの生業論理のありかたを抽出したものである。これは坪井洋文が『イモと日本人』(未来社、一九七九年)の中で唱えた稲作文化一元論に対する畑作文化定立の仮説を一部補強し一部否定する文化論の提唱である(安室知『餅と日本人』雄山閣出版、一九九九年)。私自身の解釈によれば他生業が水田稲作の論理に内部化する場合は比較的稲作に特化した平地農村に多く、他生業が水田稲作の論理と併立化する場合は山村に多いことが関係している。坪井さんが民俗文化的現象の背後にある論理を地理的な分布から類推したのに対して、安室さんは、生存適応戦略という生業論理の観点から複合生業を分析した。

他生業を水田稲作生業の論理に内部化するとは、水田稲作という生業に投与する労働配分も時間配分も基本的には変更せずに、その限りにおいて空いた労働や時間を他生業に振り向けることをいう。併立化とは水田稲作と同様に、他生業にもそれが必要とする労働と時間を対等に振り向けることである。いずれの場合もその社会の生計単位が他生業を内部化するか併立化するかの傾向性をいっている。生計単位の集合である村なり共同体のレベルでみれば、いずれの場合も生業の分化は起こりうる。つまり、分業の発生過程はつぎの問題となる。アジア稲作文化における生業複合のありかたの二つの傾向性を、安易にアフリカの畑作農耕に適合させるのは危険である。しかし、掛谷誠さんが農耕民を「自然利用のジェネラリスト」と「自然利用のスペシャリスト」に分けた生業の論理と安室知さんの「内部化」と「併立化」の論理は通底しているものがある。

コンソの生業複合

コンソの畑作農業は明らかにストーン・テラシングという農耕に他生業は内部化しているといえる。稲作農耕と基本的にコンソの農耕が異なるのは多種多様な栽培植物という種多様性とそれぞれの栽培種の品種多様性をストーン・テラシングという農地だけに再生産を限定することである。このことの特異性は、自給的な食料生産だけにとどまらず、衣食住のあらゆる側面に及んでいる。

コンソがおこなうストーン・テラシングでの畑作農耕以外の生業活動で重要なものは二つある。それは家畜飼養と機織《はたお》りである。まず家畜飼養のほうから述べてみよう。私が住み込んだコンソの村はサウガメ村というが、一九九一年当時二二六軒の家々が山上に蝟集《いしゅう》していた。この二二六軒の一軒一軒は方形をなし木柵で囲われているが、どの家も一つの辺だけが、集落内の小道に接していて他の三辺は隣と共有している。そして、小道と接した辺の木柵の一ヵ所に背を屈んでやっと入れる入り口がある。人がいないときは横に多数の棒を渡し戸締まりをする。中は二段の構造になっていて、上側は居住空間、下は穀物の貯蔵小屋や家畜を飼養する空間である。

どうして人がこれほど密集して住まなくてはならないのかと本源的な疑問を投げかけたくなるような集落構造なのであるが、木柵を接して家々が全体で円形をなしている。その間を中心にある小さな広場に向かって放射状に小道が通り、円形に沿っても道が二重に廻っている。住み込んだ当初、この集落構造を把握するのに相当時間がかかった。空からみたらまるで蜂の巣のようにみえる狭い空間で、人びとは家畜を舎飼《しゃが》いしているのである。ほとんどの家で、木柵内の下側の空間にコブウシ一、二頭、ヒツジ一、二頭、ときにはヤギ

図29　牛が飼養されている石小屋
石小屋の上の建物は穀物の貯蔵小屋である。

一、二頭を飼っている。さらにニワトリは数羽いるといったこともある。

コンソ・ランドはとくに山上の集落から展開する山の上部では道以外に隙間なく畑が展開している。およそ放牧できる場所はないといっていい。したがって、山の下部つまりサガン川の周辺にいけば、さすがに畑も上部ほどではなくなり放牧できる地域が少しある。しかし、こうした場所は放牧に適するほど草地としてすぐれているわけではない。河岸段《だん》丘《きゅう》は肥沃《ひよく》なため灌漑を施したイエロという広大な畑があるので、放牧はできない。その上部の丘陵《きゅうりょう》の突端部分や川岸の遊牧民ボラーナの領域なら放牧が可能である。いずれにせよ、遊牧民ボラーナとの接触の危険や家畜の畑への侵入のため放し飼いというわけにはいかない。ここでは牧童が共同管理しながら放牧する。

山上の集落で舎飼いしている家畜群は、ほとんど放牧に出すことはない。山上近くでは第一放牧する場所も草地もない。家畜の飼料は畑仕事の帰りに女たちがモロコシやトウモロコシの茎を担ぎ上げ家畜に与えるのである。家屋内のコブウシは、貯蔵小屋の下に入れられ運動不足にさせられ肥らされる。ヒツジやヤギは前脚と後脚に斜交《はすか》いに紐で括られ、動きを制約させられる。これも肥肉のためである。舎飼いされた家畜は、肥肉期間が終われば、市場に売られる。舎飼いの家畜はときどきの現金収入としては大きな意味をもつ。

図30　家屋から出る残滓や家畜糞を畑に運ぶコンソの人

しかし、舎飼いのシステムはストーン・テラシングの畑作農耕に組み込まれたサブ・システムである。それを端的に示すのが、舎飼いのもう一つの目的が家畜の糞である。

サウガメ村の人びとは、自分たちの住む木柵内や集落全体をいつもきれいにしている。木柵内には家畜の糞、飼料の残り、食事の残滓《ざんし》そして灰などが出てくるが、三日に一回程度はこれらを集めて、決まった場所に捨てに行く。いや、捨てにいくのではなく発酵《はっこう》させに行くというべきである。円形の集落の外側にクーファと呼ばれる楕円形の窪みがあり、周囲をやはり石組みで囲っている。クーファは各家の所有であるから、このクーファは集落の外側に相当数ある。自分のクーファに溜められ発酵されたものは、適当な時期に各家の畑にもっていかれまかれる。つまり有機肥料として家から出る塵埃《じんあい》と家畜の糞が使われているのである。家畜飼養はもちろん現金収入や肉の提供などのためであるが、肉はコンソ内でマーケットを通じて消費されるだけで、地域経済の域をでない。ただし、牛の皮だけは、乾燥したものをコンソ外から購入するものがときどき来る。

けれども家畜飼養のもう一つの重要な役割は有機肥料の獲得である。痩せたコンソの不毛な石の段々畑には、この有機肥料は必須のものである。舎飼いはストーン・テラシングによる放牧地の欠如や放牧によるストーン・テラシングの破壊回避のためではなく、ストーン・テラシング農耕に内部化した有機肥料獲得の方法なのである。

山上の集落内での家畜の舎飼いは、有機肥料と肥肉を主目的にストーン・テラシングの畑作農耕に内部化した方法である。では、売られてしまった家畜の補給はどのようにしているのであろうか。それが、サガン川まで下ったところで展開する放牧である。数家族あるいは集落内の親族集団がまとまってコブウシ、ヒツジ、ヤギを放牧する。それに一人の牧童《ぼくどう》がつく。この牧童は、ほとんど男の子どもである。ときどき、兄弟や従兄弟たちと交代するが、長いときはサガン川の出作り小屋を根城に三ヵ月くらい生活することもある。この家畜群から売られた分が集落に補給されるのである。サガン川の放牧生活は、コンソがかつて遊牧生活者であったかもしれない名残なのであろうか。

しかし、サガン川近辺での放牧生活は、サガン川周辺のイェロという灌漑をもった畑作の邪魔にならないように営まれる。また近隣の遊牧民ボラーナと異なって、去勢技術をもたない。放牧も日帰り放牧で、夜にはバフタと呼ばれる石小屋の中に家畜群を入れることなど遊牧民とは異なっている。このバフタは強烈な暑さを和らげる役割を果たすとコンソの人びとはいう。しかし、何よりもこのバフタ内のコブウシ、ヒツジ、ヤギの糞尿が集められ、サガン川近くの畑に肥料として使われることが遊牧民とは異なる。サガン川の河岸段丘のさらに上の丘陵の突端に密集する出作り小屋での生活は、ヤギ、ヒツジのミルクやヨーグルトを臨時に作ることはあっても、恒常的ではない。山上の集落ではほとんどミルクもヨーグルトも食べない生活である。やはりサガン川近辺での放牧も山上の舎飼いを補完したり、家畜の糞利用が目的であり、放牧すら畑作農耕に内部化しているといえる。

衣服の調達

コンソの衣服は現在でもほとんど自給である。コンソの三四の村の決まった七つ村でマーケットが開かれる。曜日によって異なるので、遠い近いを問わなければ毎日開かれていることになる。通常、近隣の村で開かれるマーケットか七つのマーケットの中でもとくに大きなウルマラ・オンボッコやウルマラ・ファーシに人びとは出かける。ウルマラはマーケットの意味で、オンボッコは村の名であるが、ウルマラ・オンボッコは月曜日にウルマラ・ファーシは木曜日に開かれるので、この言い方自身で曜日も表している。こうした市場ではケニヤとの国境モヤーレから入ってくる衣服（Tシャツやズボン）が売られている。しかし、コンソの人はTシャツや男たちがたまにズボンを買う以外はほとんど購入しない。コンソの衣服は特徴的で、女たちの着る二段になった木綿のスカート、男たちのコンソ流の半ズボンは自分たちで作る。それもこれは男たちの仕事である。

ストーン・テラシングの畑作での男の役割は、播種と収穫が中心である。もちろんもはや開拓する土地はほとんどないが、川岸やサガン川周辺で新たに農耕地を作るとなれば男たちが、シルボータという長い鋤一本でこれを成し遂げる。もちろん、石垣の保全や修理は男たちがおこなう。毎日の畑からの食料調達と雑草取りは主として女たちの仕事である。では、農作業のない時の男たちは何をしているのか。集落の中で男たちは、綿繰り、糸巻き、機織りに精をだす。棉は、畑の一角に植えられている。収穫されるとそれは蓄えられていて、いつでも仕事ができるようになっている。

畑から収穫されたワタの実は、家で羊羹のような形をした石の上に置かれ、鉄の棒で種子を押しだす。種子をとったワタを軽く棒で叩いておく。そうして紡錘車《ぼうすいしゃ》で糸を繰る。経糸《たていと》はまだ技術が未熟な若い男や小さな男の子が作り、緯糸《よこいと》は大人の男が集落の中の広場や見晴らしのよい集落を囲む石垣の上で糸作りに専念する。女たちが紡錘車を操っているのはみたことがない。作物の収穫が終わった後に、こうして溜めておいた糸を今度は機《はた》で織る。

一枚の布は単位が決まっていてハルバといっている。決まった長さと本数の糸を用意して、小さな棒二つにこれを巻く。その際は、集落中どこにでもある石垣の隙間に棒を突き刺し、糸を本数だけ張って糸の状態を確かめる。悪い部分はこのとき修正する。集落の中の広場には村中の共用である地機《じばた》が数ヵ所すえてある。空いているときは誰が使ってもいい。用意された経糸を張った地機に緯糸を筬《おさ》と梭《ひ》で織り込む。これを農閑期のときに男たちがハルバを何枚も織りあげる。これで自分たちの家族の女用のスカートも男たちの半ズボンも作る。機織りの特徴は、村の男たちのすべてがおこなうことである。この機織りも畑作農耕に内部化した生業であるといっていい。マーケットでは近隣のエスニック・グループもこれを購入している。

土器作りと鍛冶

コンソの生活では他にも重要な仕事がある。それは土器作りと鍛冶《かじ》である。しかし、これらは家畜飼養や機織りと異なってコンソの人びとの誰もができることではない。機織りや家畜飼養が畑作農耕に内部化された仕事になっているのに対して、この二つの生業は専業化されている。これらの生業は、畑作農耕に内部化することも併立化することも不可能な技術であり、フルタイム・エキスパートとして人と時間を専業化させなければならないものなのである。

コンソでは農民はエダンダ、土器作りや鍛冶をハウダという。階層が異なっていると認識されていて、両者間では通婚がないのが普通である。ハウダは一般的に土地をあまり所有していなく、ほとんど農耕に携わらない。コンソの三四ヵ村のうち、土器作りが多く住むのはそのうち三つの村である。私が調査したサウガメ村もその一つであるが、家単位でみると二二六軒中三〇軒が専業の土器作りの家であった。どのような来歴で、この土器作りや鍛冶がコンソ社会から発生してきたのか明確な解答はない。コンソは社会は主食がチャガということもあり、醸造ビール作りに大量の大きな土器が必要である。その他、水瓶用の土器、煮炊き用の土器など土器は重要な生活用具であり、マーケットではいわゆる近代的な工業製品の容器はほとんどない。コンソに土器を供給しているのは、この三つの村のハウダであり、それで十分まかなえる。

ストーン・テラシングという特異な畑作農耕を発達させたコンソ社会は、不毛な土地を高度に利用して自給性を高める方向に特化してきたと思われる。しかしながら、土器作りと鍛冶だけは、一つの村の中だけでは存在しえない。階層化や生業の分業あるいは分化を考えるうえで、コンソ社会の提供する事実はきわめて重要である。

エチオピアとコンソ社会

エチオピアは、多民族の存在を前提にした一支配民族による君主制国家の時代が一九七四年まで続き、その後一九九一年まで社会主義独裁国家の体制であった。私が一九九〇年に予備調査を開始し、本格的な調査を始めた一九九一年五月に大きな政治的変革があり、社会主義独裁政権は崩壊した。この政変後は、資本主義を一部取りいれて多民族によるエチオピア連邦制を志向しながら現在に至っている。約七〇といわれる民族の一つとしてコンソ社会も存在している。コンソ社会がエチオピアの国家体制と無縁で存在しているわけで当然ない。政府の行政組織は、コンソの社会にも及んでいる。しかし、コンソの内側からみると、この行政組織と伝統的なコンソ社会は緩やかな関係にある。というより、コンソ社会は自らの規矩《きく》を誇りをもって維持している社会のように外部の人間には映る。

化石燃料からの二酸化炭素排出は大きな地球規模の環境問題である。一方アフリカでは煮炊き用の薪《まき》採取による砂漠化が大きな問題としてよくとりあげられる。コンソでは薪はどうしているのであろうか。人口増加が、コンソでも燃料不足としてやがて問題となるであろう。しかし、コンソは玄武岩《げんぶがん》だらけの不毛な環境をストーン・テラシングに変え、きわめて特異な環境利用をしてきた人びとである。コンソの畑には有用樹木が五種植えられている。建材にするピルビルタ（*Juniperous procera*）、葉菜として使うミダ（*Moringa-stenoputera*）、醸造《じょうぞう》ビール、チャガの発酵用槽《ふね》をつくるオッタイダ（*Cordia africana*）、そしてヒツジ、ヤギ、コブウシの飼料に使う二種（*Ziziphus mauritiana, Terminalis brownii*）である。これらの枝は当然燃料として使われるし、前述したようにモロコシやトウモロコシの稈《かん》は最も重要な燃料として使われる。燃料さえストーン・テラシングで栽培しているといえる。コンソの葉菜として重要なミダは、若いシュートを食料として使われてしまうので、幹がどんどん太り畑の中で盆栽のような姿になっている。これはいかんなくコンソの畑作農耕文化の特異性を表現しているようにみえる。海南島のリー族社会はもともと「自然利用のジェネラリスト」であった。中国政府による「封山育林」や「退耕還林」政策は、山野の自然利用を制限するものである。リー族自身の生活世界では、生産量のあがるハイブリッド米の採用により余剰米をマーケットで販売可能になり、その現金収入で肉や魚を買う生活に変化してきている。つまり国家政策とリー族自身の生活改善により彼らの生活は稲作農耕のスペシャリストへ転換しつつある。別の言い方をすればグローバリゼーションに起因する近代化によって「自然利用のスペシャリスト」の方向へ向かいつつあるといえる。その姿は不毛な土地で開発を余儀なくさせられたコンソの選択の余地のない「自然利用のスペシャリスト」と大いに異なっている。

海に生きる人びとの技術誌

日本の漁師

伝承される知識

民俗・伝承とは何か

本章と次章においては、人間にとっての技術や技能とは何であるのかを考える素材を提供したいと思う。ここでは主として私が調査してきた日本の二つの漁村を例にとって、自然に対峙《たいじ》して糧《かて》を得る漁業における在来技術とはどんなものなのかを詳述する。ただその前に「民俗」「伝承」などの言葉を使うことが多くなるので、著者の考えを記しておきたい。私は「民俗」とは、近代の教育システム以外の方法で伝達されてきた知識の総体を民俗として考えている。そうしたものの共時的なありようを民俗といい、通時的なありようを伝承という。文化を、ある集団で学習され共有され伝達されるものとすれば、民俗とは文化の中から教育制度によって伝達され創造されるものを引いた残余集合ということになる。これは通常使われている慣習とか伝承とかいう言葉とかなり近いように思われる。そしてこれらの言葉は変化しない文化の深層や基層という意味で使われる伝統をイメージする場合が多い。けれどもここではそのようなものとは考えない。

民俗とは近代の教育システム以外の方法で伝達されてきた知識の総体と述べたが、そのもっとも本質的な意味はそれが「生きる方法」として存在することなのである。したがって、教育システム以外の方法で伝達される民俗は、何かが付加したり欠損したり、新たに発生したり消滅したりして、変化するものなのである。これまでみてきたリー族の自然に関する知識やコンソの自然に関する知識は、当然民俗ということになる。ただ、それらの変化が近代化以前では、緩やかな変化の場合が多いので、一見変化しない「伝統」的なものにみえるだけである。こうしたことを鮮明に教えてくれるのが漁業の「技術」や「技能」なのである。この「技術」や「技能」ほど「生きる方法」としての民俗を示すものはない。

一本釣り漁

一本釣り漁師はどのようにして狙った魚種を釣り上げるのだろうか。沿岸漁業としての一本釣り漁ほど、近代の教育システムと対蹠《たいせき》的な位置にあり、伝承的な技法と自然に関わる民俗的な知識に支えられている漁法はない。もちろん、その他にも精緻《せいち》な技法と知識に支えられている漁法はある。たとえば、瀬戸内海でおこなわれていたアビ漁とか各地に残る鵜飼漁などを裏打ちしている精緻な技法と自然に関わる知識は、驚くべきものがある。しかし、これらの漁法は、ある地域で特異に発達したものであったり、ある集団に父子《ふし》相伝《そうでん》で伝えられたりしたものが多く、一般的ではない。

アビ漁とは、瀬戸内海にあった特異な漁法で、冬に渡り鳥としてやってくるアビ類を利用する。アビ類の中でもとくにオオシロエリハムである場合が多い。海面に群れるイカナゴを狙うアビ類を恐れてイカナゴの群れが潜行《せんこう》する。その潜行したイカナゴの群れを狙ってマダイが追う。アビの飛翔からイカナゴの潜行する方向を知り、そしてそれによってマダイの位置を推測して一本釣り漁師がマダイを釣り上げる。アビ類とイカナゴの群れとマダイと漁師の四者の関係は、生態学でいうところの「食う―食われる」食物連鎖の関係のようである。こうした漁法だけが慣習的に許されているとすれば、人間の生態学的な知恵によってしか捕獲量はあがらない。しかし、瀬戸内海では近世にタイ網が発明され、網漁法は大きな発達を遂げる。さらに底引《そこび》き網漁によって、獲りたいものを獲りたいときに獲りたいだけとる一本釣り漁法は衰退していった。この漁法はほそぼそと一本釣り漁師によって伝承されてきた技術である。ただ、注目すべきは、この一本釣り漁法の背後にある自然に関する知識と身体技法の精巧さである。残念ながらこの特異なアビ漁はすでに消滅した。

鵜《う》飼い漁法も同じような自然に関するなみなみならぬ知識と身体技法に裏打ちされたものである。現在では観光化する以外に生き延びる方法はなかった。鵜飼い漁法のような高度な技術を要する漁業は、漁業の大規模化や機械化によって観光以外の生業としては滅ぶしかなかった（篠原徹「鵜のこころ・鵜匠のこころ」『自然と民俗—心意のなかの動植物—』日本エディタースクール出版部、一九九〇年）。

山アテの技術

こうした特殊な漁法ではないが、高級魚を狙う一本釣り漁法は、人間が自然と向き合って生きるとはどういうことかを教えてくれる。それは人間にとっての自然に関わる技術や技能の本源的な存在理由でもある。

島根半島の先端は美保関神社がある島根県八束郡美保関《みほのせき》町（現在は松江市）である。この半島を日本海側に回り込んだところに美保関町軽尾《かるび》という漁村集落がある。一九七四年当時、戸数一〇戸、人口四六人の本当に小さな漁村であった。この漁村集落に腰を落ち着けて調査を開始したのは、この一〇戸のうちの一つ木村秀夫さんとその父、万吉さんの船に乗船してカナギ漁とブリの一本釣りを直接みたときからである。ブリの一本釣りをおこなうのに必須の技術が「山アテ」あるいは「山立て」と通常いわれるものである。この技術は一本釣り漁師のみならず網漁師も身につけている。日本各地の漁師が身につけて、漁業の効率を高めるため利用していた。

民俗学では、この技術の存在とその重要性そのものは多くの研究者が指摘していた。ただ、「山アテ」技法の体系的な理解や漁行動における実際の運用方法となると要領を得ないものであった。また各地には漁師の日誌や漁師たちが書いた備忘録《びぼうろく》の中に「山アテ」の図が残されている。これもその地域の漁師たちが、どのようにそれらを駆使して漁をおこなっていたのかは語ってくれるものではない。

「山アテ」の技術そのものを体系的に示したのは、五十嵐忠孝さんである。彼はトカラ列島漁民の調査を通じて、山アテが整然としたきわめて合理的な技術であることを見事に示した（五十嵐忠孝「トカラ列島漁民の〝ヤマアテ〟」渡辺仁編『人類学講座』一二、雄山閣、一九七七年）。その後、著者が美保関町軽尾において、この漁場発見手段を漁村社会との関係や生活世界との関連で詳しく論じた。「山アテ」技術に焦点をあてた研究はその後あまり出ていないが、最近になって「山アテ」技術の運用に焦点をあてたすぐれた研究が卵

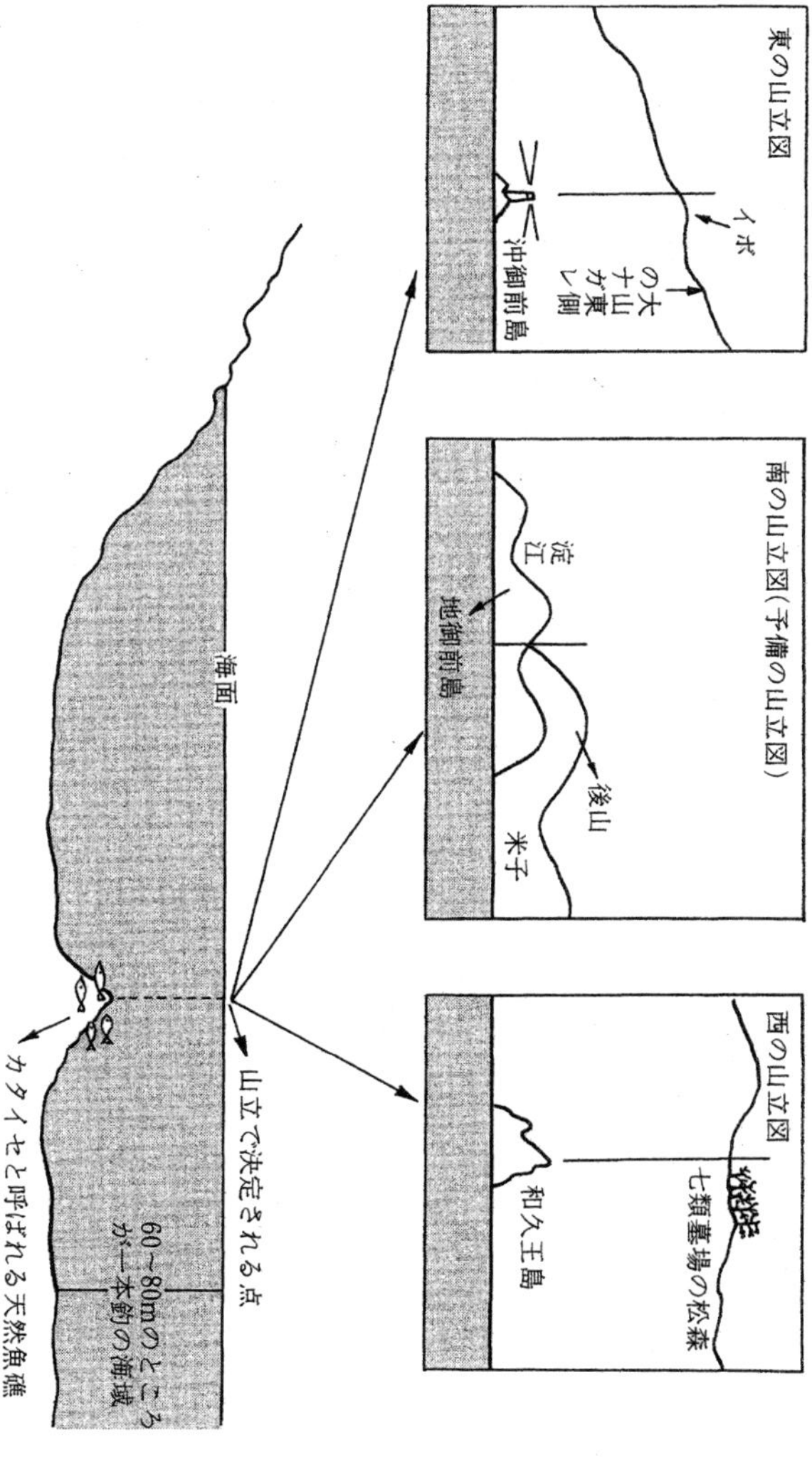

図31　山アテとはどういうことか

田宗平さんによって展開されている。それについては後述したい。

海上で漁師がどのように漁場を発見し、どのような技術を駆使して魚を釣り上げるのか。海上で漁師の行動をつぶさに観察してもこれはなかなかわからない。それは、目標となる漁場は海底にあって直接私たちにはみえないからである。そもそも漁場とはどのようなものなのかさえわからない。漁場とは、簡単にいってしまえば、海底にできた山である。陸上の山と同じように海底の山もさまざまな形をしている。大きな山もあれば小さな山も尖った山も平らな山もある。それを知ろうとすれば発行されている海底図をみればわかる。しかし、この海底図をみてもその山の、つまり漁場のどこに行けばいいのか。

「瀬」と「出し」

軽尾では、この漁場を「瀬」という言葉で呼んでいた。瀬の名称にはおおよそ二つの命名方法がある。一つは「～瀬」というもの、もう一つは「～出し」という場合が多い。軽尾の近いところから、「サアマゼ」「カナ瀬」「大瀬」「横瀬」があり、「黒瀬出し」「竹島出し」「和久王《わくおう》出し」「山出し」「西山出し」「加賀の潜戸《くけど》出し」などの瀬がある。このうち、軽尾の東北にある「横瀬」は港から約五〇キロ、北東にある「加賀の潜戸出し」は約三〇キロである。この二つの「瀬」が軽尾の漁民が利用している「瀬」の限界であり、この範囲が彼らの行動範囲と考えていい。「瀬」は海底の山と思っていいのだが、大きなものでは何キロメートルに及ぶものもあるが、「瀬」の形状や大きさを漁師は明確に認識している。漁師はこの「瀬」のどこにでも自由自在に好きなところに行くことができる。どうしてそれが可能になるのであろうか。陸上の山に頂上があるように、海底の「瀬」にも通常頂上がある。この頂上を「瀬の頭」と漁師は呼んでいる。この「瀬の頭」を垂直に海上に投影した点は、原理的には一点である。この海上に投影された瀬の頭の点こそ、まず漁師が父子相伝で覚え込んだ海上の地点なのである。

何もない広漠たる海の上で、海底何十メートルも下の「瀬の頭」の投影点をどうして認知し記憶するのか。それが可能な技術が「山アテ」なのである。軽尾の「米倉《こめぐら》」といわれるほど回遊するブリの好漁場「加賀の潜戸出し」の「瀬の頭」の山アテを具体的に説明してみよう。山アテとは、海上での位置確認方法であるが、原理は海上からみえる陸地の風景の重なり方を利用することにある。風景の中の前景と後景の目印になる景物（前景の特定のクロマツの幹とか、後景の山の特徴あるコブなど）の垂直方向での重なりを二方向で決めれば、その交点は一点になる。この交点の下に「瀬の頭」がきているとすれば、何もみえない海底も可視化されることになる。

山アテの相伝と発見

「加賀の潜戸出し」の「瀬の頭」を発見するには、まずこの瀬の近くで陸上の風景をみて「船上山《ふなかみ》のコブ」と「大山西側の稜線の特定部分」が重なる方向をみいだす。それができたらその方向を維持しつつ北東に進み、次に「沖の御前島《ごぜんじま》」の北側の端とその奥にみえる「早見鼻《はやみばな》」の突端が重なるところを探す。この二つの山アテが重なったところの真下に「加賀の潜戸出し」の「瀬の頭」がきているはずである。この二つの山アテによる風景のズレの多少が瀬の形状とまた対応しているのである。基本的な瀬の山アテは父親から習ったという。つまり父子相伝の技術である。

「加賀の潜戸出し」の山アテで、二つの山アテを述べたが前者の山アテを「沖灘の山アテ」という。後者を「東西の山アテ」という。軽尾なら沖灘の山アテは南北の山アテと同じことであるが、まず港から出発して前者の山アテは一つの直線であるからこの方向に進んでいく。ある程度進み瀬が近づいたら「東西の山アテ」をおこなって交点を探す。山アテで決める点は、海底の瀬の頭という点に近いものだから、正確でなくてはならない。「加賀の潜戸出し」は軽尾の港から三〇キロである。ほんの少しの山アテの誤差は、沖合三〇キロでは大きな誤差となってしまう。つまり山アテの前景と後景の重なりは寸分とも違ってはいけないのである。この誤差を小さくするために、漁師は経験的に「東西の山アテ」

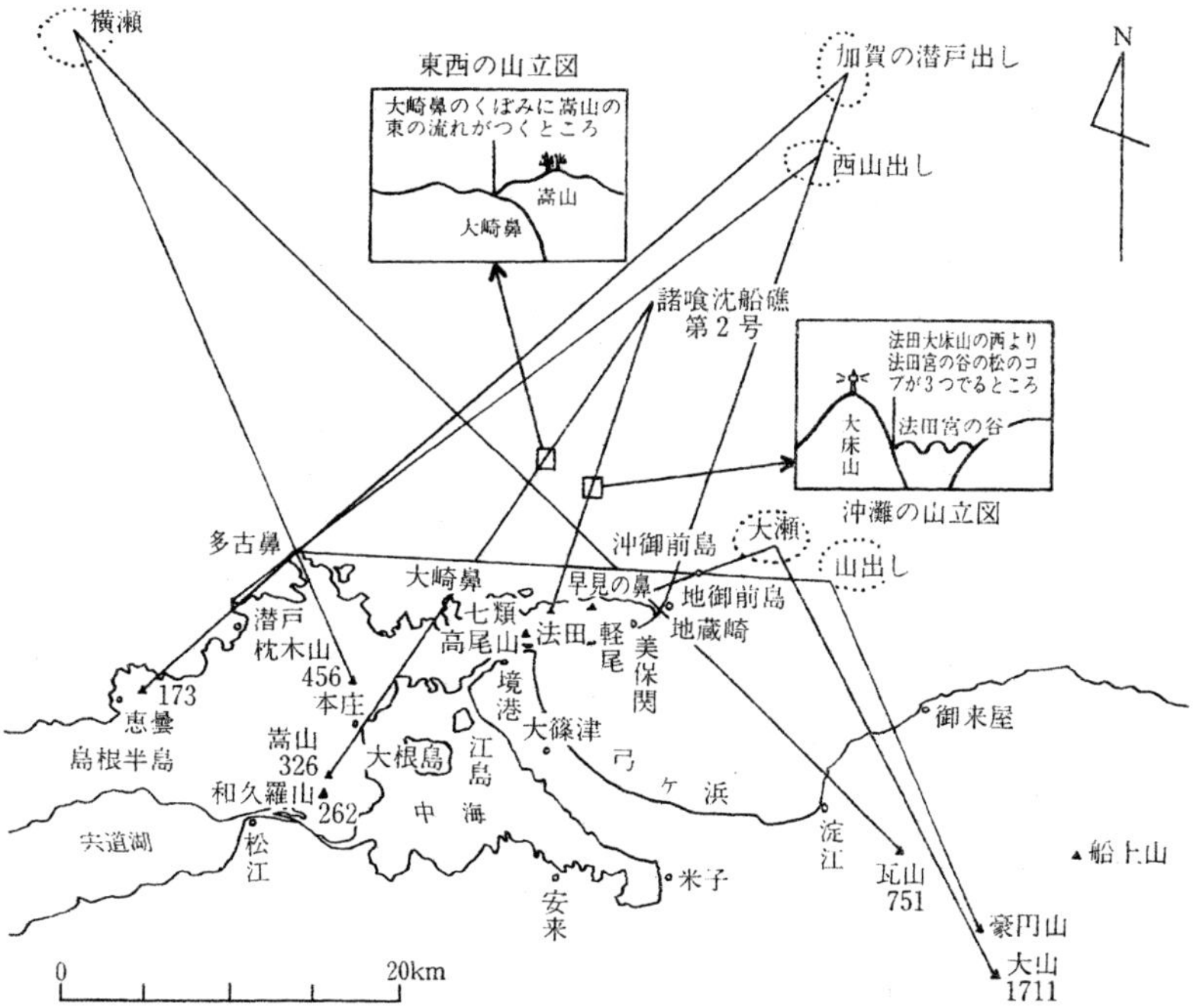
横瀬
東西の山立図
大崎鼻のくぼみに嵩山の
東の流れがつくところ
嵩山
大崎鼻
加賀の潜戸出し
西山出し
N
諸喰沈船礁
第2号
法田大床山の西より
法田宮の谷の松のコ
ブが3つでるところ
大床山
法田宮の谷
沖灘の山立図
多古鼻
沖御前島
大瀬
山出し
大崎鼻
早見の鼻
地御前島
七類
法田
軽尾
美保関
地蔵崎
高尾山
潜戸
枕木山
456
本庄
173
恵曇
島根半島
境港
大篠津
御来屋
嵩山
326
和久羅山
262
大根島
江島
弓ヶ浜
宍道湖
松江
中海
淀江
瓦山
751
船上山
米子
安来
豪円山
大山
1711
0
20km

図32　魚礁と山アテ

と「沖灘の山アテ」のようにほぼ九〇度くらい開いた二つの山アテが誤差が少なくなることを知っている。

「加賀の潜戸出し」のような大きな瀬になると、基本的な山アテのポイントは数点決められる。先ほど述べた瀬の形状はこうした山アテの風景のズレとして認識され、瀬の形状に沿って瀬の形状の海上への投影図を航行することさえ漁師には可能である。

「加賀の潜戸出し」は軽尾の米倉と称されてきたように絶好の漁場であり、この瀬は「カタイ瀬」つまり岩礁《がんしょう》性で海底からかなり高く盛り上がった瀬なのである。こうした「カタイ瀬」には瀬付き魚群としてオオダイ（和名マダイ）、レンコダイ（和名キダイ）、チコダイ（和名チダイ）、マルゴ（和名ブリ）、イサキ（同）がいて、よく釣れる。軽尾では、この他「西山出し」や「横瀬」が同じような瀬付き魚群がいる瀬である。「カタイ瀬」は海底の岩山なのだが、陸上の山がそうであるように高さの異なる頂上はいくつもある。瀬としては「瀬の頭」が多いほどまた「瀬の頭」が高いほど魚群がよくつくといわれる。一本釣り漁師にとっては高級魚を狙う絶好の漁場が「カタイ瀬」である。魚種の生態や習性をみきわめ、季節や時間を考え、一本釣り漁師は「カタイ瀬」を縦横無尽《じゅうおうむじん》に利用する。

一本釣り漁師の利用する「カタイ瀬」は多くは父子相伝で父親から伝授されたものが多い。けれどもすべての「瀬」が父子相伝ではない。

「瀬」を探す技術

漁師たちは自分たちでも漁場発見の努力をする。「カタイ瀬」に対して「平瀬」と呼ばれる瀬がある。この「平瀬」は「瀬の頭」が「カタイ瀬」より低く、規模も小さい。こうした瀬にはスズキ（和名同）、コノシロ（和名同）がよくつくといわれる。「カタイ瀬」のまわりには瀬と離れて大きな石がゴロゴロしているところがしばしばある。こうした瀬を軽尾では「ゴボゴボ瀬」といっている。ゴボゴボ瀬には、アオガナ（和名アオハタ）、レンコダイ（和名キダイ）、コビー（和名アカアマダイ）、イダコ（和名イイダコ）などがよくつき、これを狙うときはこうした瀬に向かう。こうした瀬にはほとんど名前がない。しかし、漁師はそれを認知し記憶している。こうした瀬には父子相伝のものもあるが、そのときの漁師が発見した瀬もある。

こうした瀬以外の広大な海を彼らは「ハラッパ」と呼んでいる。ハラッパは回遊したり移動したりする魚群の通り道だから、一本釣り漁師にとってはあまり意味がない。コイカ（和名コウイカ）、テナシ（和名ヤリイカ）、シロイカ（和名マイカ）、シマメ（スルメイカ）などのイカ類は、イザリ漁といって夜中に集魚灯をつけて操業する。また昼漁のとき、アゴ類（トビウオ類）を追うカツオは瀬への行き帰りに流し釣りをする。これらの漁は「ハラッパ」でおこなわれる。こんなときに新しい瀬を発見することもある。

山口県萩《はぎ》市見島《みしま》は、萩市から北西約四六キロの沖合にあり、魚島として名を馳《は》せたところである。この島には三つの集落があるが、本村浦に住む新徳寿幸さんは一本釣りの名人として島では有名であった。この人から一本釣り漁のなんたるかをいろいろ教えてもらったが、その中に新しい瀬の発見の話がある。電波探知機が導入される以前でも漁師たちは父子相伝の瀬だけを利用して漁をしていたわけではない。海上で「タカリ」をみつけるとその地点でおもりの先に鬢《びん》付《つ》け油をつけておいて、おもりを降ろす。「タカリ」とはカモメやユリカモメが狙う表層の小魚の大群のことである。こうした海の下にはブリやカツオなどの大型の魚がいることが多い。そして、この「タカリ」は瀬で起きやすい現象である。したがって、漁師は、「タカリ」をみつけるとおもりを降ろし長さを測り、鬢付け油の先についた土によって海底が岩礁か砂地かを判断する。そこが新たな有力な瀬なら、この地点で「山アテ」をして記憶しておく。先述した「ゴボゴボ瀬」などはこうして発見された瀬が多い。軽尾や見島の漁師たちの地先の海では、その地域の漁師たちによって瀬の数や場所は共有されていることが多い。しかし、みずから発見した瀬は仲間には教えない。名人といわれるほど、自分だけの瀬をもっていることは多い。

技術を支える経験

増え続ける山アテ

漁師がある瀬の海上の投影点を「山アテ」するとき、二つの方向だけでは記憶しない。二つの方向で「山アテ」するとき、一つは沖灘の方向、いま一つは東西の方向で適当な目標物を探して前景と後景を重ねる。この二つの方向は、漁師の経験的な知識によれば、九〇度前後の開きが適当であるという。狭すぎても広すぎても誤差が大きくなるという。実は、「山アテ」で決められる海上の点は二つの方向の「山アテ」だけで決めているわけではない。予備の「山アテ」とでもいうべき第三の方向、第四の方向でも決めておく。それは海上から「山アテ」に使う陸上の風景がいつもみえるとは限らないからである。漁には出たが、「山アテ」に使う山などの目標物に雲がかかってみえないときなどは、この第三や第四の「山アテ」を使う。一つの地点を決めるのに、海上からみえる陸上の風景による「山アテ」に最低三方向の記憶が必要である。

ではどのくらいこの瀬というものがあるのか。軽尾では天然魚礁《ぎょしょう》だけで三〇以上ある。大きな瀬では数地点での「山アテ」が必要であるので、一方向が決まる記憶すべき風景は相当数になる。加えて、漁場は天然魚礁だけではなく人工魚礁もある。人工魚礁とは先ほど述べたハラッパに廃船になった船に石を積み込み沈めた沈船魚礁と防波堤用ブロックを沈めたブロック魚礁がある。いずれも漁業協同組合が中心になって計画的に年間二〇ヵ所くらい作ってきた。こうした人工魚礁には古くなって藻類が付着するようになるとタイ類、アジ、ウマヅラハギなどがつく。この人工魚礁も「山アテ」で記憶されていくことになるから、記憶すべき「山アテ」の数は膨大なものになっていく。

技術の蓄積

これらの漁場の海上への投影点である「山アテ」の記憶は一本釣り漁業にとっての基本的な知識である。でもこれだけでは当然ながら一本釣り漁業はできない。軽尾《かるび》や見島《みしま》の海を流れる海流は対馬《つしま》暖流と呼ばれるが、潮の流れを読むことも重要な知識である。また「漁は風次第、潮次第」という言葉も一般的に使われるように風についての知識も重要である。この二つの民俗知識と漁の関係は見島を例にとって説明してみよう。

見島の一本釣り漁師、新徳寿幸さんは名人といわれてきたが、その秘訣は彼の毎日つける漁日誌にあった。私が、見島で調査したのは一九七六年から一九八二年にかけてのことであった。新徳さんと網漁師の名人、村田広作さんも同じように漁日誌をつけていた。新徳さんの漁日誌は毎日の漁撈《ぎょろう》活動時間、出漁日と不出漁日、天候、風向、漁獲高と漁獲種が、正確に記入されている。彼はこれをデータとして使っていて、その当時すでに同じようなスタイルで二〇年近く日誌を書き続けていた。

新徳さんの漁日誌では、一〇方向の風が記載されている。北東の風をアナジ、北風はネギタ、北北東の風はコチである。南から吹く風は、南西の風がアラシ、南風はハエ、南南西の風はマジバエ、南西はマジ、西南西はサガリニシあるいはヒクニシという。西風はニシである。見島の風に関する俚諺《りげん》は多い。典型的なものに「アナジ・ネギタの夫婦喧嘩《げんか》」という俚諺がある。意味は、アナジやネギタでは島の南側では凪《な》いでいても、北の海では大荒れになっているので出漁するなということである。日本海の漁師は一般にこのアナジを嫌う。「ネギタはフリモン（雨や雪）が多い」、「セキ（冬）のネギタは波が高い」といわれる。では実際の新徳さんの漁日誌ではどうなっているだろうか。彼の日記で年間のアナ

図33　山口県萩市見島の漁港

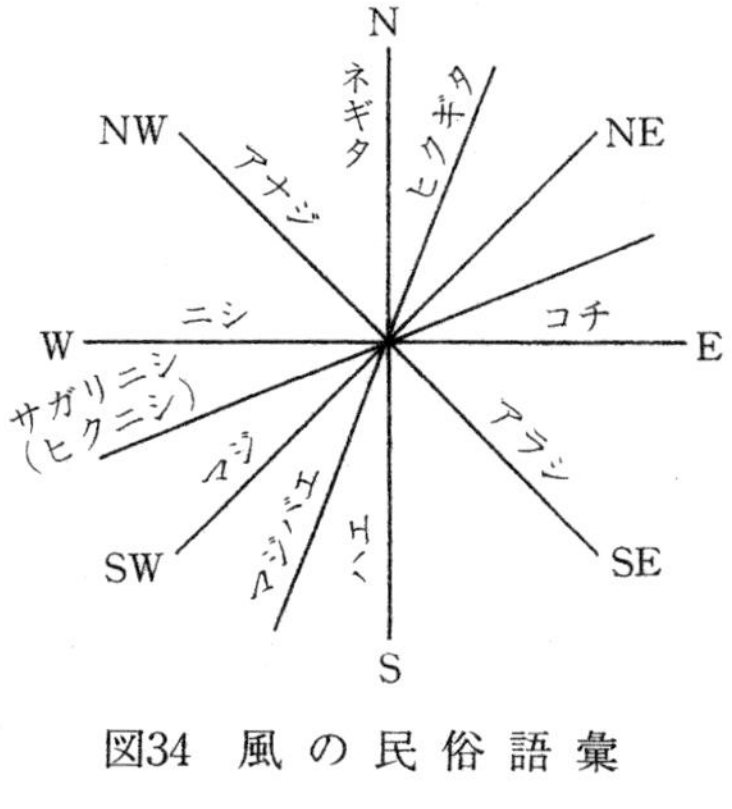

図34　風の民俗語彙

ジの総風向日数は五六日、そのうち出漁しなかった日は一八日、ネギタは総風向日数四五日、出漁しなかった日は二〇日である。アナジ、ネギタは一二月から二月ころもっとも吹く風である。同じように、春吹くハエ、マジも漁にとっては悪い風である。これは強風になることが多い。漁日誌ではハエの総風向日数四六日のうち一七日、マジの総風向日数六六日のうち一三日は漁にでていない。このデータは一九七八年のものであるが、この年には新徳さんは年間二一〇日間の出漁をおこなっている。漁業に風の与える影響がいかに強いかがこれでわかるであろう。

潮をみる

新徳さんの漁日誌では「潮」に関しては定性的な記述しかない。したがって、潮汐《ちょうせき》現象と漁業がどのように具体的に関連しているかを定量的に示すことはできなかった。しかし、この潮汐現象は漁師自身が「潮をみて漁をする」というほど重要なものである。「潮」が読めなければ漁はできない。それは、次のようなことを挙げれば明白であろう。

一本釣りは「山アテ」によって「瀬の頭」を知り、そこへ釣り糸は降ろす漁法である。なぜなら「瀬の頭」こそ瀬付き魚がよく群れているところだからである。しかし、かりに「山アテ」が正確であっても、釣り糸は「瀬の頭」にくるとは限らない。大きな問題は潮

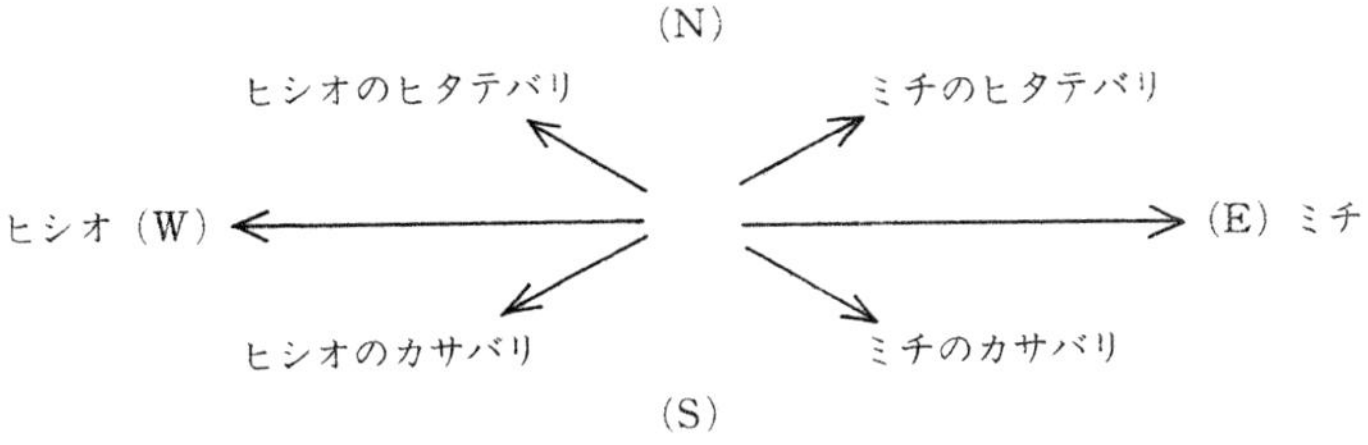

図35　潮の民俗語彙

流にある。それは、対馬暖流の複雑な動きが関連していて、上層では潮が西から東に流れていても、下層では東から西に流れることがあるからである。この潮を漁師は「フタエジオ（二重潮の意）」といっている。さらに複雑な潮になると「ミエジオ（三重潮の意）」になり、上層、中層、下層と流れが異なる場合がある。釣り糸はまっすぐ下には降りてくれないわけである。「潮」を読む知識は高度な技術である。

八月の潮は日変化が激しく、漁師はこのときの「潮」を「タノモジョ」というけれど、この潮では潮に濁《にご》りが生じて魚の食いが悪く、漁師は嫌う。干満《かんまん》の潮汐現象は日にほぼ二回起こるが、漁撈活動に大きな影響を与えるのは、潮流が一本釣りや網漁にとって重要であるからである。一本釣りは潮の動くときが漁獲が多く、網漁は反対に潮の動かないときがいいという。漁師の潮の認識を簡単に述べてみよう。満潮に向かう潮をミチと呼ぶ。この潮は西から東に流れる。干潮に向かう潮をヒシオといい、流れは逆に東から西に向かう。満潮は右回りに廻りながら引き潮に移行する。そして満潮の潮の流れがもっとも速い東から東南に向きを変えたとき、この潮を「ミチのカサバリ」と呼ぶ。やがて、潮の動きが止まるときがくる。この状態を潮の「ヤオリ」と呼ぶ。網漁師が魚を狙う潮である。

これから引き潮に移行していくが、「ヤオリ」から潮は時計回りに西南に動き始める。これを「ヒシオのカサバリ」といい、やがてもっとも潮流は早くなり真西に流れる。これを「ヒシオ」という。一本釣り漁は、潮の動くときがいいといったが、それは「ミチ」と「ヒシオ」のときである。両者を比べると、「ミチ」のほうが「ヒシオ」より魚の食いはいいという。「ヒシオ」は「ゴンゴンサガリ」ともいっている。

今度は、「ヒシオ」から「ヤオリ」に向かってまず北西に潮が流れる。これを「ヒシオのヒタテバリ」という。やがて「ヤオリ」がやってきて、潮は北東に流れ出す。これを「ミチのヒタテバリ」と呼ぶ。軽尾でも名称こそ違うが、まったく同じ潮の認識である。「ミチ」と「ノボリシオ」、「ミチのカサバリ」と「ヨンノボリ」、「ヒシオのカサバリ」と「ヨクダリ」、「ヒシオ」と「クダリシオ」、「ヒシオのヒタテバリ」と「デショ」、「ミチのヒタテバリ」と「デノボリ」というのは相同である。漁師の漁行動をときどき勘とかコツという表現で彼らの技能を理解不能なものにしてしまう。それは潮を読む、風を読む、山タテをするという複合的な行動故に総合的に身体化された知識ではあり、言語化することは容易ではないからである。

経験と勘

この潮を読む行動も、彼らの日常的な観察に裏付けられている。それも漁をする瀬ではとくにこの日常の観察が重要である。この観察に使う道具がトジオケである。トジオケは小さな桶（現在はブイを使ったりする）にロープをつけ、先にビシヨマ（錘）つける。ビシヨマと桶の間に張られたロープの傾斜角度でおおよその潮流の速度を測り、傾斜する方向で潮流の方向を知ることができる。こうして特定の瀬における時間や季節による潮流の変化を記憶していくのである。漁撈活動における漁師の行動を勘やコツに頼るという言説は、外部のもの謂《い》いであって、これらの行動は複雑系における経験的な知識に基づいているものである。著者はこうした自然に関する経験的知識を自然知と呼んでいるが、これは後述したい。

この潮を読むトジオケには、別の使い方もあって便利なのである。魚種によっては夜釣りのほうが食いがいいものもある。電波探知機もローランを使うことはできるが、これでは闇雲《やみくも》に海を走るしかない。ＧＰＳ（Giographical Positioning System）の出現によって漁場の装置への記憶が可能になり、夜の海の操業も比較的簡単になった。しかし、こうしたものが存在しない時代でも、あるいは自分の技術に固執《こしゅう》し頑《かたく》な漁師はトジオケを使う。これは軽尾では、アテオケといっていた。

昼に海に出て山アテを使って漁場に行き、そこで漁をする。そのとき、獲れる魚種の種類から、夜釣りが可能なことを漁師が知ると、漁師はそこでそのポイントにトジオケを海に投げる。トジオケにはロープの先に簡単なイカリがついていて流されないようになっている。トジオケは海に浮かんでいる。夜、漁師はおおよその見当をつけてこのトジオケをめがけて出漁する。

経験の記憶から記録へ

経験的知識としての自然知は、記憶という方法で生かされてきたが、言語化や図表化を試みる人も増えてきた。とくにGPSの出現によって大きな画期をみたようであるが、それ以前でも記録し記憶に役立てる方法をとっていた漁師はいる。網漁師は「潮のヤオリ」を狙うことを述べたが、見島の網漁師の名人、村田広作さんはそうした一人であった。

彼は、出漁した瀬で、いつヤオリがくるか正確に時間帯を彼の使う「浜帳」に記載していた。そのデータをもとに各瀬のヤオリの時間帯に関する一覧表を作り、それを機関室の前に吊り下げ、その日の出漁の瀬を決めていた。彼は息子と一緒に沖建網《おきだてあみ》を主として操業していた。見島の網漁師は、潮のヤオリを狙って夕方出漁し網を張り、翌朝引き上げ、また網を仕掛ける。だから網を掛ける瀬の夜間の潮のヤオリこそが問題なのである。夜間の潮のヤオリを経験的知識として習得していなければならないのである。瀬の形状や大きさあるいは場所により、同じヒタテバリ（沖に向かう潮）やカサバリ（陸地に向かう潮）でも、微妙に時間が異なる。その地域の海を知っていなければ漁はできないのである。

琵琶湖の山アテ

「山アテ」という海面における定位方法が、いかに漁業という技術と深いつながりをもったものなのかを述べてきた。この技術の精緻さを示すものとして、「山アテ」とGPSの比較を試みてみよう。著者たちが調査してきた「山アテ」はどちらかといえば、「山アテ」という経験的知識の原理的な側面を描写してきたにすぎない。この興味深い新旧技術の拮抗を具体的な漁師の行動をもとに比較検討したのは、琵琶湖沖島《びわこおきしま》のゴリ底引き網漁を調査した卯田宗平さんである。人が居住する淡水湖《たんすいこ》の島というのは世界的にみても珍しい例であるが、この沖島には琵琶湖という巨大な湖を背景に専業的に漁師を営む人びとが多くいる。以下に述べることは、卯田さんが報告しているゴリ漁の論文に基づいていることを最初にお断りしておく（卯田宗平「新・旧漁業技術

図36　周囲の山をみてゴリ網を入れる琵琶湖の漁師（卯田宗平撮影）

の拮抗と融和―琵琶湖沖島のゴリ底引き網漁におけるヤマアテとGPS―」『日本民俗学』二二六、日本民俗学会、二〇〇一年）。

ブラックバスやブルーギルなどの外来害魚の問題に揺れる琵琶湖の淡水漁であるが、琵琶湖には六〇種近い淡水魚類が生息している。伝統的なエリ漁をはじめとしてそれらの魚種に応じたさまざまな漁法が琵琶湖では展開している。このなかに佃煮《つくだに》の材料として使われるゴリ（和名ヨシノボリ）も有力な魚種である。沖島の漁師も多様な漁法を駆使《くし》する生業暦の中にこのゴリ漁を入れている。七月下旬から一〇月下旬までゴリ漁はおこなわれるが、漁場は水深一〇㍍までの浅い場所であり、底質は砂地が中心である。砂地は面的に広がっているため、底を効率よくゴリ底引き網を入れることが肝心なことである。

ゴリは沿岸近くの砂地に生息する底棲魚である。これを沖島の漁師は、「山アテ」とGPSを駆使してゴリ底引き網で獲る。この際、かなり性能のいいGPSでもその役割は網を引く起点近くに行くまでで、それから実際の漁ではほとんど役に立たない。沖島の漁師の言葉に「山は怖い。ヤマアテは注意して使わんと、一分八間やからな」というそうだが、これほど「山アテ」の精密さを的確に示す表現はない。つまり「山アテ」で使う二つの山のポイントが指呼の距離で約三ミリ狂えば、目標とする船の位置では約一四メートル狂うことを、この俚諺は示している。同時に、これはこれほどの正確さがなければゴリ底引き網は、漁師の狙った場所に網を入れることができないことをも意味している。このレベルでもすでにGPSは役に立たないが、もっと根本的なことでGPSと漁行動は両立しない。

図37は、卯田さんが漁師のGPSではなく自分のGPSを船にもちこんでゴリ底引き網という漁行動の軌道を追跡したものである。一日の操業で七回網を入れているが、一回の網入れを「ヒトカワ」と沖島の漁師はいっている。図中の「カケダシ」は網を入れるとき、「カケヨリ」は網を引き上げるときの軌道である。「ナナカワ」の網入れがこれほど見事な

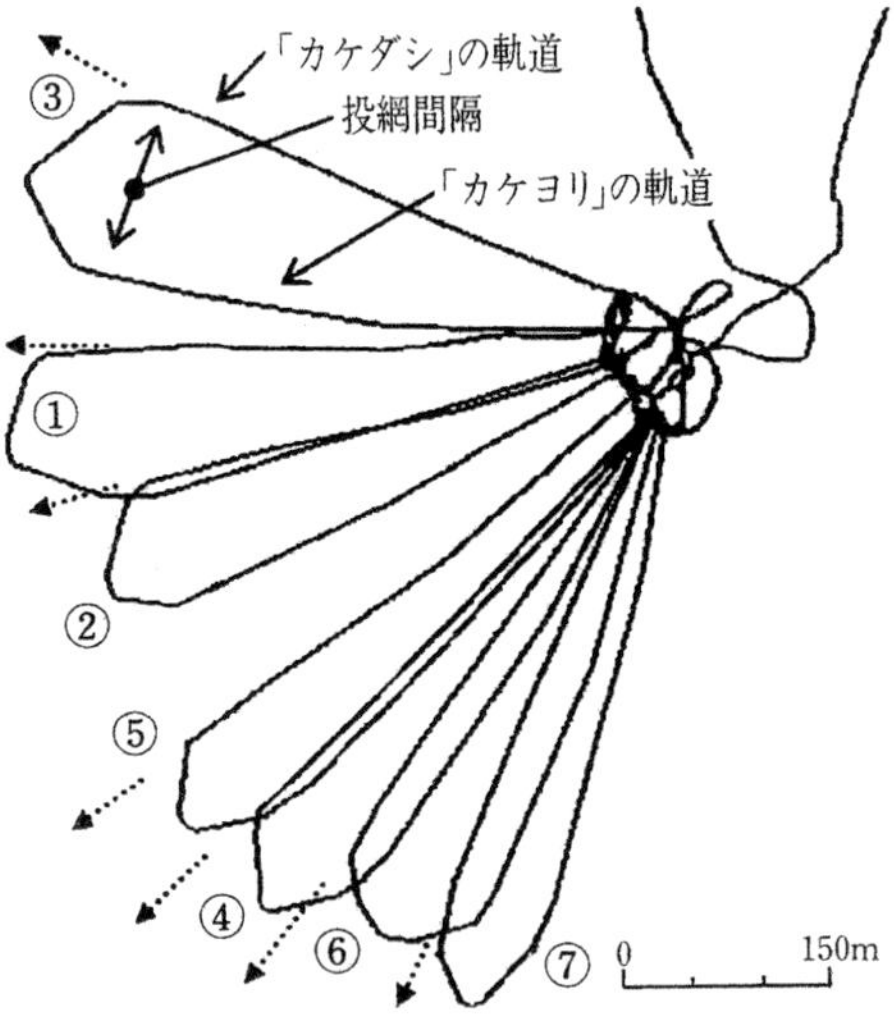

図37　ゴリ底引き網の網入れ軌道図

図を描くこと自身も驚きであるが、これが意図的におこなわれた網入れの行動で微細にみるとこの技術がなみなみならぬものであることがもっとはっきりする。図の①②③は「カケダシ」てから「カケヨリ」まで三回の操業が、ほとんど重なっていないことがわかる。つまりこの三回の操業ではあまりゴリは獲れなかったのである。それに対して④⑤⑥⑦は半分ずつ重なっている。これはこの砂地でかなりゴリが獲れたことを意味する。

「ナナカワ」の操業は、ある地点から扇系に広げるように操業しているが、実はこれは琵琶湖周辺のこの漁師が得意とする山を使って「山アテ」で「カケダシ」も「カケヨリ」も決めて行動しているのであって、GPSを使っての行動ではない。もしかりにもっと精度のいいGPSができたとしても、GPSを操作しながら網の操作をすることは不可能である。そして、かりに偶然とれたところをＧＰＳに記憶させて、別の日に同じ漁行動をとれたとしても、新規には漁場を開発することはできない。

「ヒトカワ」での操業があまり漁獲がないため、その左右を重ならないように「フタカワ」「ミカワ」と操業した。それもあまり獲れないので、「ヨカワ」目は少し場所を飛ばして「カケヨリ」をしてみる。それでかなり獲れたので今度は左右に投網範囲を重ねながら網を入れたのが、「ゴカワ」、「ロッカワ」、「ナナカワ」なのである。先述した軽尾の木村万吉さんや見島の新徳寿幸さんが、まるで海の底をみてみたように漁行動を語るのを聞いて半信半疑であった。しかし、「山アテ」という技術は、現在のＧＰＳよりも精密なものであることがこれでわかる。

もちろん、ゴリ底引き網漁は、「山アテ」だけでできるものではない。ゴリの生態や習性に対しての深い知識がなければ成立しない。そのことはここでは捨象《しやしよう》して述べているが、「山アテ」という技術が、山という風景をみて寸分違《たが》わず海上や湖上を動くことのできる身体的な技術であることはまちがいない。「風景」を道具として使い、指呼《しこ》に現れる特定の景物の重なりを記憶するというこうした技術を私は身体的技能と呼んでいる。

三つの「山アテ」利用法

卯田さんは、このゴリ底引き網漁にみられる「山アテ」の技術をさらにくわしく三つに分類している。図37にしたがって簡単に説明してみると次のようになる。まず七回の操業の起点となる地点を決めるのは現在ではGPSを使う。しかし、これとて起点の近くにくるまでであり、記憶にある正確な地点は、やはり「山アテ」で決める。こうした湖上の一点を決める「山アテ」は「点的利用法」といえる。網を引くのに邪魔になったり網を破る湖底の障害物が落ちている場所を迂回するのにも利用する。

次は、図の「カケヨリ」の動きに典型的にみられるように、「カケダシ」や「カケヨリ」の方向は、「山アテ」の二つの景物のズレを利用して網を入れる。前の景物が後ろの景物の右にどのくらい出るか、左にどの程度ずれるかによって方向を決める。この方法は「山アテ」の「線的利用」といえる。このことが可能なためゴリ底引き網の「ヒトカワ」を別の「ヒトカワ」と重ねることができるのである。最後は、一日の操業で七回の網入れをおこなったが、七回の操業はすべて底質が砂地であることを漁師は認識している。したがって、沿岸の砂地の範囲を「山アテ」によって知ったうえで、この七回の操業はおこなわれている。ゴリ（和名ヨシノボリ）は砂地に多く生息しているが、別の魚種はまた別のニッチ（生態的地位）を湖の中でもっているので、砂地に限らず、泥質《でいしつ》や半泥質の湖底の範囲も彼らは知っている。この範囲を知るという「山アテ」の利用は、「面的利用」と呼ぶことができる。

私は見島や軽尾での「山アテ」技術の漁業における重要性は指摘したが、それは技術のスタティックで構造的な理解であった。卯田さんが明らかにしたのは、こうした技術のダイナミックな運用の理解である。これによって、漁師の行動が勘やコツといった説明不可能のものではなく、根拠のある経験的に洗練された行動であることが明確になった。

さて、軽尾や見島そして琵琶湖の漁師の「山アテ」という技術に焦点をあてて、いわゆる伝統的な技術を通じて人と自然がいかに関わっているかを述べてきた。しかし、琵琶湖の漁師の技術で述べてきたように、GPSと「山アテ」のどちらがすぐれているかが問題ではない。「伝統的」という前に、こうした「技術」の内容がどのようなものなのかをまず知る必要があることを強調しておきたい。ここで問題にしたいのは、自然に関わる技術とは何かということである。現在の「生きる方法としての民俗」を技術を通してみてみることによって、「人と自然の関わり方」に関する私たち自身の考えを鍛えることができる。

民俗自然誌の中の技術が現代にどのような意味をもつのかは最後に議論するとして、次には農耕社会における生態的技能と私が呼んでいるものを、日本の山村における野生植物利用に焦点をあてて紹介してみたい。

山に生きる人びとの民俗自然誌

里山と環境

生業を支える環境

日本の水田稲作のありかたにさまざまな文化論的な議論があるが、前述したようにムラの生業のありようから二つの指向性を抽出した安室知さんの研究の意義は大きい（一〇七〜一〇八ページの生業複合論の項を参照）。

多機能な水田 ―内部化した生業複合―

それは、水田稲作という生業に、他の生業が内部化されるか併立《へいりつ》化かどちらの傾向性をもったものであるかを指標とするものである。安室さんの研究は、昭和初期の稲作農耕のありかたという時間軸を一定に設定した上で、稲作農耕のありかたの多様な姿をまず追求した。その結果、水田といわれる耕作地の多様な機能が浮かび上がってきた。水田の養魚池としての機能から、水田養鯉《ようり》を水田稲作と並行しておこなう地域や水田養鯉ほどではなくとも水田養鮒《ようふ》のフナをタンパク源として有効に使う地域の生業構造が明らかになった。また、水田の畦畔《けいはん》は意外に水田の面積に比して大きなものであり、とくに棚田地域では水田内畑作といっていいほどの耕作地であることが明らかにされた。そして、棚田の畦畔の長い法面《のりめん》でのダイズ栽培、短い法面でのアズキ栽培が、自家消費の味噌や醤油、甘味としての餡《あん》の重要な供給源になっていたことを明らかにした。また、水田をめぐる水系内での水田漁撈のタンパク供給源としての役割も大きなものであったことも重要な機能であった。これらはいずれも水田とは遠く離れた別の環境でも、時間と労働を割く生業としても成立するものである。それを、できるかぎり水田稲作という生業暦という時間軸に合わせて、労働もできるかぎり水田耕作の余剰労働内でおこなうように他生業を内部化してきたものとして描いてみせた。

併立する生業

それに対して、たとえば山村といわれる地域では、畑作や林業や炭焼きが水田稲作の生業暦と別個の独立した生業暦をもっているところが多い。これを併立化と呼んで、日本の水田稲作のありようを分類した。これは一世を風靡《ふうび》した照葉樹林文化論や坪井洋文の『イモと日本人』の稲作文化一元論に対する畑作文化定立などの仮説が、文化の地理的な分布を基礎に置いている類型論とは基本的なところで異なっている。傾向としては、内部化の傾向をもつムラは、平地農村に多く、併立化の傾向をもつムラは山村に多いのであるが、かならずしも地理的な山村や平地農村という分布に即しているわけではない。こうしたムラが成立する条件は、おそらく外部との歴史的な関係性も大きく作用していると思われる。この水田稲作のありようをめぐる二つの傾向性は、水田稲作に限らず現れる傾向ではないかと思われる。掛谷誠さん（前掲論文「焼畑農耕民の生き方」）はアフリカの焼畑農耕民の調査から、生業とまわりの自然環境との関係を二つの傾向性で描いた。このことについても、「不毛の地に生きる畑作民」の章の畑作民コンソのところで言及した。つまり、農耕の二つの傾向性とは、資源としてのまわりの環境利用に関して、「自然利用のスペシャリスト」と「自然利用のジェネラリスト」が存在するということである。これは前者が農耕への特化が強い社会であるし、後者は農耕への特化が弱い社会であると言い換えることができる。さらに敷衍《ふえん》していえば、稲作農耕への特化が強い社会が、つまり他生業の内部化を進める社会は、「自然利用のスペシャリスト」であるといえる。それに対して、稲作農耕への特化が弱い社会が、つまり他生業の併立化の傾向をもつ社会は、「自然利用のジェネラリスト」であるといえるのではないか。一方で、農業の近代化とは、別の側面から耕作地だけの生産性の合理化と最大化を追求するものであった。必然的に、農業の近代化は、「自然利用のスペシャリスト」への道でもあったわけである。

「キワタの咲く村の焼畑と水田」の章であつかった海南島のリー族社会はまさに稲作農耕のスペシャリストに向かう社会である。「不毛の地に生きる畑作民」の章であつかったエチオピアのコンソ社会は、不毛な耕作地ゆえに外部からの影響なしに「自然利用のスペシャリスト」にならざるを得なかった社会である。

生業の工業化

一九七〇年代は日本の社会が高度成長期の最盛期を迎えた時代であり、政治経済的な大きな変革期であると同時に生活革命といわれるように人びとの生活の質が根本的に変化した時代でもある。こうした産業構造の変化に伴い、農業や漁業あるいは林業などを生業として生きる人びとの生活世界も大きく変化しつつある時代であった。農業や漁業あるいは林業というのは基本的に、生物自身の再生産に依存している生業である。これがいわゆる工業というものともっとも異なるところである。したがってこの再生産は、生物界の生態系を破壊しないことが前提になっているはずである。そうでなければ、再生産はいきづまり、やがて生物的世界の崩壊につながるのだから。現実に進行した農業、漁業、林業などの近代化は、こうした前提を無視した農業工業化や漁業工業化の方向であった。これによって地球環境問題はさらに深刻化したといっていい。生業を通じての人と自然の関係は、工業化によってそれまでの関係が壊れていく過程でもあった。それまでの関係とはどんな関係であったのか。それを問うこともなく、自然と対峙《たいじ》して糧《かて》を得る生業の工業化が進めば、一体私たちの世界はどこに向かうのであろうか。

上述した進行は、一九六一年に成立した農業基本法による国家の政策でもあった。大野和興さんは『日本の農業を考える』（岩波書店、二〇〇四年）というすぐれた著作の中で、この農業基本法の方策を「六つの化」と呼んでいる。それは、機械化、化学化、装置化という農業技術の側面と大規模化、専門化、単作化（連作化）という農業経営（土地利用のあり方）を指している。このような農業近代化政策が進めば日本のエコロジカル・フット・プリント（一人あたりの生活に必要な農耕地面積）は増大しつづけることはまちがいない（鷲谷いづみ・草刈秀紀『自然再生事業―生物多様性の回復をめざして―』築地書館、二〇〇三年）。さらにこれが世界的な規模で進行すれば、地球はどうなるのであろうか。こうして日本の農山漁村の行方《ゆくえ》が、地球規模の環境問題とただならぬ関係があることが明確になってきた。現在、うち捨てられてしまった里山《さとやま》がその象徴的な存在である。里山という資源は巧みな使い方によって生物多様性も維持され、再生産可能な身近な自然である。この里山の中の水田、畑作、林業そして生活という観点から、山村や平地農村を見直すことが現在説かれている。

変貌する山村

山村の民俗自然誌としてとりあげてみたいのは中国地方の一山村である。実はいままで述べてきた地域の民俗自然誌の順番は、私自身の調査歴を時間的に遡及《そきゅう》していることになっている。ここで述べる事例としてとりあげる山村は、私の調査ではもっとも古く、約三〇年前のことである。当時は漠然としたものではあったが、「人と自然の関係」をこの山村の人びとの野生植物利用から考えてみようと思って調査をしていた。

調査していたのは、岡山県真庭郡湯原町《まにわぐんゆばらちょう》（現在は真庭市）粟谷《あわだに》である。粟谷は戸数三一戸であり、この戸数は現在でも変わらない。ここは通常は山村と呼ばれるけれども、何をもって山村というのかというのは結構むつかしい問題である。標高五〇〇メートル《メートル》前後の小さな谷間に集落が存在し、まわりには水田が開かれ、その周囲は彼らが「ジゲヤマ」と呼ぶクリ、アベマキ、コナラ、アカマツなどで構成される二次林が展開し、その奥には彼らが「ミヤマ」と呼んでいる標高八〇〇メートル《メートル》以上のブナ林が出現する。中国山地ではいたって普通の集落である。一八八九年（明治二二）以前では粟谷村であり、八つの集落があった。

彼らが現在小字《こあざ》としてまとまっているのはそのうちの三つの集落で、この範囲を「ジゲウチ」と言い習わしている。「ジゲウチ」は現在は「組」という社会関係のまとまりの総体を現していて、ジゲウチは小茅、明、高下の三つの組で構成される。このジゲウチの生業は、歴史的に大きく変遷してきているが、基本的には複合的な生業構造をもっていたムラである。集落のまわりの水田農耕、ジゲヤマでの畑作、そしてジゲヤマを利用しての和牛飼育、そして林業などが三〇年前の姿であった。養蚕《ようさん》が盛んな時期も戦後の炭焼きが盛んな時期もあり、山村の一〇〇年といっても外部との関係で生業構造の内容は異なる。栗谷も水田と他生業を併立させることによって、成り立っていたムラであった。しかし、ムラ内部からの歴史的な内部化の方向（稲作で自立したいという方向）と外部からの近代化の要請で、それまであった姿は大きく変貌した。二〇〇四年（平成一六）では、ついに和牛生産にたずさわる農家は皆無になってしまった。戦後の林業政策の失敗によって林業もうち捨てられたままである。

三〇年前の栗谷はそうした現在への姿への序曲であったが、それでも「自然利用のジェネラリスト」の側面を多くもった社会であった。その典型が、野生植物利用であった。農業という生業は、耕作地、栽培植物、労働力があれば成立するほど簡単なものではない。

生活の立場からみると、さまざまな野生植物利用が農耕そのものを支えていることがわかる。当時、私はこの野生植物利用を大きく四つに分類していた。これを昨今問題になっている里山という視点と私の主張する生態的技能という視点から再考してみたい。この生態的技能は前章で述べた「山アテ」に典型的にみられる身体的技能とともに技術を考察する上で重要なものである。

人と自然の関わり

里山とは人が何らかのかたちで関与した自然である。二次的な自然といってもいいが、これだけではあまりにも漠然としている。問題は、人がどのように関与してきたのかという視点からいわゆる里山といわれるものと人の関係性そのものが問われなくてはならない。その意味では、里山は人為的な自然環境である。この人為という人の関与行動の中身こそが、人と自然の関係性を端的に現している。

海南島のリー族社会における人間の植物に対する関与行動として、「移植」「保護」「許容」「忌避」の四つの関わり方を挙げてみた。この四つの関わり方については塙狼星さんの論文「半栽培と共創—中部アフリカ、焼畑農耕民の森林文化に関する一考察」(寺嶋秀明・篠原徹編『エスノ・サイエンス』京都大学学術出版会、二〇〇二年)に触発された考え方である。栽培植物、野生植物を問わずこの四つの関与行動はみられる。というより、栽培植物と野生植物の境界はきわめて曖昧《あいまい》なものである。「キワタの咲く村の焼畑と水田」の章でとりあげた海南島リー族社会の可食水田雑草はまさに「保護」の範疇《はんちゅう》に入るもので、農学的な立場からは雑草であろうが、生活の立場からみれば水田内野菜である。

そもそも、雑草とは何であろうか。日本では耕作地に栽培されている作物は約五〇〇種程度あり、これは人間がその栽培植物の生殖過程にまで介入したもので、「移植」という関与行動に大きく関わる植物群である。しかし、耕作地の雑草起源だと思われる栽培植物も多く、アワやハトムギのように野生と連続しているものもある。たんなる畦畔雑草と思われるツユクサでも、滋賀県ではアオバナといわれ京都西陣の友禅染めの下絵を描く青花染料の材料として栽培されていた。栽培されていたツユクサは生殖過程には介入されていないが、「移植」して保護することで花は大きくなっている。普通は、ツユクサは耕地雑草に分類される植物である。粟谷での典型的な雑草と認識されているのは、ヒジワイ（和名メヒシバ）、マスクサ（カヤツリグサ類）とともにカマツカの方名（以下、地域の植物方言名のことを方名と表現する）でツユクサは挙げられている。海南島リー族社会では、水田雑草の多くは、野菜として使われ、滋賀県ではアオバナは染料として使われ、粟谷ではツユクサは「忌避《きひ》」される雑草として認識されている。つまり、地域や文化によって雑草であるのかないのかは異なるわけで、一元的に農学的な立場から雑草は定義できないことになる。

作物と対極にあるのが山野草（当然樹木も入る）であり、日本では植物分類学者によっても異なるがおおよそ四〇〇〇種あるとみていい。山野草は通常二次林である「ジゲヤマ」や粟谷で「ミヤマ」といっているようなかなり奥山のブナ林地帯にあるものが多い。この「ジゲヤマ」つまり里山と耕作地の間には、水田畦畔や道端や河川敷や荒れ地などがある。こうしたところにある植物を人里植物と呼ぶが、実はここにも五〇〇種程度の植物が存在する。この中には昨今問題になっている帰化植物も多い。この帰化植物は、日本の農業の構造的な転換や園芸文化の隆盛によって、隙間だらけになった場所を新たなニッチ（生態的地位）として進出し、年間数十種の勢いで増え続けている。イチビのような強害外来雑草として全国的に畑作地侵入したものもある。

こうした事態は、水田養魚や畦畔栽培などの衰退にみられるように、水田をイネの生産のためだけの場として特化させたため、人の生活する場と自然との間の連続した曖昧な空間が農耕生活に意味をもたなくなってしまったからである。この人里植物や山野草がいかに農耕生活と強いつながりのあるものであったのかをこの粟谷でみていくことにしよう。

それはまさに農業の機械化、化学化、装置化、大規模化、専門化、単作化が進行しようとした時期である。同時にそれは、山村が「自然利用のジェネラリスト」から「自然利用のスペシャリスト」へ転換していくことでもあった。

野生植物の利用法

私は粟谷の多彩な野生植物利用を当時は四つのカテゴリーに分類していた。食べ物、民間薬、儀礼用、道具などの素材の四つである。

このうちで食べ物として野生植物利用は三〇年前ではすでにかなり衰退していて、人びとの知識として保有されていたにすぎないものが多い。食べ物の中で、惣菜として挙げたものは二一種類、保存用食物は七種類、子どものおやつとして挙げたものは二〇種類あったが、子どものおやつなどは採取されることはもうほとんどなかった。当時でも積極的に採取していたものを挙げてみよう。キノコ類のうち、イクチ（アミタケ類）、カワタケ（和名コウタケ）、ネズミデ（ハナホウキタケ類）などは汁の実として珍重されていた。中でもカワタケは乾燥させて保存もされていた。これは、ブナ林の下に生える地上菌で、円形のシロを作る。シロとは菌糸が伸びて菌類が円形に生えたり線上に生えたりするが、その生える範囲をシロと呼んでいる。カワタケのシロは各人がブナ林の中に自分の得意のシロをもっていて、他人には教えない。それほどこの菌類はうまいものなのである。中国山地では一般的に「匂いカワタケ、味シメジ」という俚諺《りげん》が聞かれるが、これは「匂いマツタケ、味シメジ」の山村での転用であったのであろう。またこのカワタケには「ガシンカワタケ、ホウネンシメジ」という俚諺もある。ガシンは飢饉《ききん》のことであり、飢饉が起こる年には、カワタケがよく出て、稲の豊年の年にはシメジがよく出るという意味である。このカワタケは大量には採れない、というよりシロの所在が個人の秘密なので、広いブナ林の各人のシロはある意味では「保護」されているに等しい。もう一つ菌類ではなく、双子葉《そうしよう》植物を挙げておこう。ヤブウド（和名ハナウド）は方名の命名の中にも織り込まれているが、「藪《やぶ》」というニッチによく生える。これは汁の中に入れると芳香があってたいへんおいしい。コリアンダーに似た香りである。こうした植物は、雑草として除去されるわけでもなく、「許容」されているとみていい。ウドやヤブウドは商品価値が出てきたので畑の隅に半栽培のように「移植」されている場合もあった。とくにウドは、茎が青くならないように根本を籾殻《もみがら》で覆い白い状態に保つなどかなり手を掛けている。最近の山菜ブームの影響で、いろいろな地域での休耕田や休耕畑で、タラを「移植」して、タラの芽を商品として売りだしているところもある。こうして「移植」して「保護」されるタラは棘《とげ》が少なくなるのであつかいやすくなるという。

食べ物のカテゴリーに入る保存用食物としては七種類あったが、当時積極的に使われていたのは乾燥ゼンマイ、テテッポ（フキの若いもの）、ホウコウグサ（これには二種あって、方名でケンザキホウコウとチチボウコウであり、それぞれ和名ヤマボクチと和名ホウコグサ）であった。乾燥ゼンマイは現在でも山村の代表的な山菜であるので説明は不用であろう。ホウコウグサは乾燥して保存しておき、正月前や祭りの時に、餅を作る際にこれを入れて搗《つ》いた。そうすることによって餅の粘性が高まる。この植物は、畦畔など人里植物の代表的なものである。「保護」とまでいかなくとも人里で存在を「許容」された植物といえる。

食べ物のカテゴリーのおやつに分類されるものは実に多かった。当時の子どもはこうしたものを山野で採ることはもうほとんどなかったが、おいしいものをいくつかとりあげてみよう。方名でウツキは和名でヤマボウシのことであるが、これは里山の中にときどきある樹木である。「ウツキの花は二度咲くが、誰やさんの花は一度」と若い女性に比喩されるほど花は美しい。もっとも花ではなく植物学的には萼《がく》であるが、上から見下ろせば一面の白い懸崖《けんがい》のようであり、下から見上げると萼の存在に気づきにくい。かつて炭焼きはこの地域でも盛んであった。炭焼きは生長した二次林のカシ類やナラ類を主とした材料にする。それ以外は雑炭の材料だが、ウツキなどは必要なときまでは伐《き》ったり炭にしたりはしない。この樹木は杵《きね》や道具の柄にするのにきわめてすぐれているからである。ウツキの木は弾力があり、ささくれないため杵や道具の柄に適している。そしてこの樹木の実は甘く量も多くみのる。もう当時では稲藁を使うことは稀であったが、藁《わら》打ち槌《つち》にも適していた。つまり、杵、鉈《なた》、藁打ち槌と伝統的な稲作農耕に使う道具の素材として、この樹木の特性は利用されていた。

里山の恵み

山村の稲作農耕は、こうした里山《さとやま》の植物たちと強いつながりのなかで存在していた。農業の近代化は、この自然と人の関係性を断ち切ることになってしまった。もちろん、この農業の近代化は生活者の立場からみれば否定できることではない。しかし、その結果としての里山が、生物多様性の維持の観点からも、人と自然の関係性の観点からも危機的な状態になってしまったということを考慮するなら、少なくとも里山のもつ機能の再発見は必要なことであろう。

里山の再発見

何を考慮して何を考慮しなくてもいいのか判断はきわめてむつかしい。里山や自然林に近いミヤマ（ブナ林などの奥山の地域）と人の関係も、具象的なレベルから抽象的なレベルまでいろいろである。ナツグリと当地で呼ぶ灌木《かんぼく》は、粟谷《あわだに》から西側のミヤマにあたる朝鍋《あさなべ》鷲《わし》が山の山頂に群生《ぐんせい》している。ナツグリとは和名ツノハシバミであるが、群生するところが風衝《ふうしょう》地帯のためスギ、ヒノキの植林を免れたのである。このナツグリは、ブナ林内でカワタケ採取などの帰りにちょうど実がなっていて、子どものためにかつては採取された。炒《い》って食べるとおいしいものである。このナツグリの風衝地帯に入るとき、「山の神の遊

図38　ムカデバシゴ（一本梯子）にのってスギ林の枝打ちをする（岡山県西粟倉村）

び場」だから驚かさないように咳をしてから入るものだといわれた。「山の神の遊び場」ゆえに畏怖《いふ》したか、風衝地帯ゆえに植林を断念したのか不明だが、「山の神の遊び場」というストーリーまで価値を認めるとすれば、人と自然の関係性の裾野《すその》は広大である。

食べ物や道具の素材といった直接的な里山と農耕生活の強いつながりは明確である。しかし、民間薬とか信仰に関連する植物は、農耕生活とは間接的な関係で存在している。信仰が否定されれば、別に存在しなくてもかまわないものである。民間薬でも同じで効果を近代医学が否定すれば、なくても困らないものである。栗谷にかぎらず中国山地一帯は、神さまに供《そな》える樹は、フクラシ（和名ソヨゴ）の枝が多い。冬でも常緑であり、里山にかなり普通にみられる植物であるからであろう。フクラシバともいわれるが、このシバは常緑のものとして儀礼にしばしば使われる。フクラシバは正月の餅花で餅を刺す枝として、クロモジ（和名クロモジ）とともに使われるが、里山の野生植物は稲作農耕の生活世界でさまざまな意味を付与された存在なのである。フクラシバとともに神さまに使われる野生植物にセンドシバ（和名ヒサカキ）がある。植物の分布上、中国地方で一般に使われるサカキは存在しないために代用として使われるというのが通常の解釈であるが、必ずしもそうとはいえない。東北地方ではスギやアスナロなどの常緑樹の枝が神さまの木として使われる。九州の山地ではシバといえばアラカシ、シラカシ、シリブカガシなどのカシ類を意味する。沖縄では通常マサキがウタキ（神の森ワンのなかの拝所）やザーック（座敷の床の間）の神さまの樹として使われる。変わったところでは高知県の沖の島では、アオノクマタケランが使われているのをみたことがある。こうした植物たちは、積極的に「移植」や「保護」はされないけれど、とくに「忌避《きひ》」されることもなく存在を「許容」された里山の植物である。

方名でハナエダとは和名でシキミであるが、里山の野生にはなかなか存在しない。これは全国的に仏さまに供える枝として使われるが、一本や二本は庭木として植樹している家もある。気がつきにくいけれども、お盆のとき盆花として使われる固有の野生植物もある。それはミソバナ（和名ミソハギ）、ボニバナ（和名オミナエシや和名オトコエシ）である。とくに前者のミソバナはニッチ（生態的地位）が水田の畦畔《けいはん》に多く、畦畔の除草や畦塗《あぜぬ》りのときにもわざわざ残して除去しない。これなどは明らかに近代農法では水田雑草なのだが、粟谷の生活世界では「保護」されている植物といえる。

最近の山菜ブームや菌類ブームのように、三〇年前の粟谷でも流行していたものがあった。野生植物というのは、「野生の不思議な力」をもったものとして、ときに驚くようなものが換金野生植物になる。当時では健康茶ブームと果実酒ブームがあり、盛んにその素材が採取された。健康茶のほうは「深山《みやま》茶」といわれ、もともと山仕事などのとき即席に作られるお茶であった。素材は、アケビ（和名アケビ、和名ゴヨウアケビが好まれ、和名ミツバアケビは苦いといって嫌われた）、コウカイチャ（和名カワラケツメイ）、フジ（和名ノダフジ）、アサドリ（和名アキグミ）の若い新芽と葉を陰干しにして、それを一緒に混ぜて煎《せん》じたものである。これらはいずれも里山の植物の構成種であるし、カワラケツメイのように河川敷に多いものもある。

もう一つはリッカー酒に野生の果実と砂糖をいれて作る果実酒であった。人気があったのは、ウシノフタイ（和名ガマズミ）の実とマタタビ（和名マタタビ）であった。前者は色の美しさ、後者は精力剤としてである。ウシノフタイとは葉の形が牛の額に似ているからであり、ウマノフタイといえば和名でオトコヨウゾメのことであるが、葉が馬の額ににて少し長いからである。命名方法は山村の人びとの自然認識を知るうえで重要なことであるが、ここでは省略する。どちらの植物も荒れ地のパイオニア植物で里山にはよくみられる。ここまで、食べ物、民間薬、儀礼用植物の代表的なものをみてきたが、最後に農具など稲作農耕に関係する道具への利用をみてみよう。

農具を作る

稲刈り、脱穀、乾燥はては苗代《なわしろ》や田植まですべて機械化されている現在の水田稲作では考えられないことであるが、わずか三〇年前にはこれらの機械は山村では一般的ではなかった。現在では稲藁など使わないから、必然的にウツキ（和名ヤマボウシ）の藁打ち槌など不必要なものになった。こうやって稲作農耕の生活世界と自然との関係はどんどん切断されていった。それは農山村の過疎化とも輻輳《ふくそう》していたので、近代化に名を借りた機械化や単作化は農山村を急速に空洞化させていった。別の近代化はありえなかったのだろうか。

機械化される以前の水田稲作農耕は、自然とは切断されていなかった。里山の自然といかに強いつながりをもっていたのか、田植えから乾燥までの生産過程に多くの野生植物が関わっていることでわかる。当時の農家の家の中の道具にそれをみていこう。

稲刈り機がまだないときは、稲刈りは当然鎌で根刈りをしていた。この鎌の柄には、ウツキ（和名ヤマボウシ）がすぐれていることはすでに述べた。刈られた稲は、乾燥するため架木《はさ》（この粟谷ではハデキと呼んでいたが）を田圃《たんぼ》に作る。この架木にもっともいいのがカシホシ（和名ネジキ）である。この樹木はツツジ科の植物であり、アセビなどに近い仲間である。アセビと同様に樹皮や花は有毒であり、この樹木には虫がつかないという特徴がある。これが架木として使われる最大の理由である。架木は多量になければならないし、簡単に腐食《ふしょく》するようでは困るからである。リョウボウ（和名リョウブ）はガシン（飢饉）のときのカテ飯に若い葉を使ったといわれるが、この木もときに架木に使われる。この木が使われるときは、採取されてからあらかじめ家にある小さな池にかなりの期間浸けられる。それは木に潜む虫殺しのためである。こうしないと架木として長持ちしない。家の池はときに養魚もするが、苗代に播《ま》く前に種籾《たねもみ》を二、三日漬けるのに使われる。

農作業や山仕事には鉈や鎌をもっていくが、これを入れるものがいる。籠や袋というものは地域独特のものが多いが、粟谷では素材として樹皮を使う。鉈や鎌を入れる袋はフクロセコと呼ばれる軽くて丈夫な袋である。このフクロセコはヤマカゲ（和名シナノキ）を使う。ヤマカゲは春になると樹皮が剝《は》ぎやすいので、みつけておいた樹木の皮を剝ぐ。この樹皮を前述した家の前にある池に浸けておく。あるいは、粟谷の集落は小さな谷になっており清流が端に流れている。この清流の上流から各家に「使い川」といって一種のクリークを引き込んでいる。この「使い川」の水は水田にも供給される。家の前に流れる「使い川」にこのヤマカゲを浸けておいてもいい。三ヵ月ほど池や「使い川」に浸けておくと、繊維以外の有機質は腐って流れ去る。非常に強い繊維だけが残るが、これを陰干しにして

図39　稲の架木にするためのリョウボウ
まず虫を殺すために池に漬ける。

図40　藁にヤマカゲの繊維を入れて強くするヒキョウウチ
ヒキョウウチで縄を編むのは冬で、寄りあって仕事をする。

保存して必要なときに使う。フクロセコはこのヤマカゲから作った袋状の鉈《なた》入れで、山仕事にたいへん便利なのは、この繊維はきわめて雨にも強く長持ちするからである。藁縄も丈夫なものにしたいときは、このヤマカゲの樹皮を一緒に綯《な》えば強い縄ができる。

この樹は里山にはそれほどあるものではない。「ミヤマ」と呼ぶブナ林に多くあるが、みつけておいて必要なときにそれを伐採する。みつけておいて必要なときに伐採するのは、ある意味では「保護」しているともいえる。ジゲヤマやミヤマの中で「保護」の状態にある野生植物は、ヤマカゲ以外にもいくつかある。脱穀機が普及する以前はトウスと呼ばれる一種の臼《うす》で稲の脱穀をしていた。トウスは粘土質の土を円筒形に作った竹籠に入れたものを二つ作り、それを磨《す》りあわせることによって稲を脱穀する。その際、磨りあわせる面に刃を埋め込む。この刃にもっともいいものがエンズイ（和名イヌエンジュ）である。なければこれに次いで硬いカネマキ（和名クヌギ）を使う。ジゲヤマやミヤマでこれをみつけると覚えておくし、不必要には伐《き》って炭にしたりはしない。これなども一種の「保護」といえるであろう。

生態的技能

当時、実際に使われていた道具を中心に、野生植物利用が水田稲作農耕とどのような関係をもってきたのかを述べてきた。当時においてさえ、これらの野生植物を利用する背景にある自然に関する知識は衰退の一途を辿っていた。これまで述べてきたことは、私自身が直接これらの知識の具体的な運用つまり道具の製作現場や使用する姿を観察できるものであった。この時期より少し前の時期つまり当時七〇歳前後の人の若いころといえば、敗戦後から一九七〇年代にあたる。そうした時期の野生植物利用はもはや聞き書きでしか採集できない情報であったが、聞き書きで聞くことのできる野生植物利用の世界はもっと広大なものであった。もちろん敗戦後の物資不足の時代という特殊性はあるのであるが、それを差し引いたとしてもジゲヤマやミヤマと人びとの生活世界は強いつながりをもっていた。この点について若干触れておきたい。

この時期には生産道具や生活用具にもっと多くの野生植物が使われていた。フクロセコの素材としてヤマカゲ（和名シナノキ）の繊維が有用であったことはすでに述べた。繊維の利用はヤマカゲばかりではなかった。放棄した畑や水田の畦の植生と群生するノボセ（チガヤ）、ミヤマの湿地にあるヒロレ（和名カンスゲ）、池や河川の湿地に多いガマ（和名ヒメガマ）などに含まれる繊維はそれぞれの特性に応じた使われ方をしていた。

農家の三和土《たたき》は、室内の作業場であり、ここに草履《ぞうり》や縄のための藁打ちをする場が設けられていた。ここはいつも掃き清められていて、三和土では専用の草履を使って出入りしたものだそうだ。この草履は、耐久性は悪いが素材が大量にあるので乾燥したノボセを使って編まれていた。ヒロレはミヤマの湿地によく生えるカヤツリグサ科の植物である。このヒロレを採取してきて、使い川にヤマカゲと同様に浸けておく。すると有機質の部分は腐って流れ去る。それを乾燥して保存する。これを必要に応じて蓑《みの》に編んだ。これはヒロレミノとかボウリョウミノの呼ばれ、訪問用の上等な蓑として珍重された。

蓑といえば通常は藁蓑を編んだものをいうが、藁蓑は雨天のときの農作業用のものであり、これとは別にヒロレミノを編んだものだそうだ。ヒロレはそんなに大量に採取されるものではないし、川に浸けて有機質を流し去ってから陰干しにするという手間のかかる作業がある。現在でも古いヒロレミノが納屋《なや》にかかっているのをみることができるが、これを使って新しいヒロレミノを作る人はもういない。

ヒロレを採取するのは、秋でありそれも二百十日のころが最上とされる。この時期にはヒロレは株を根から引き抜くと簡単に抜けるという。ヒロレの葉の生長と引き抜く時期を見計らう知識を私は自然知と呼んできた。技術を構成する重要な要素であるが、漁師の山アテを技術の要素として身体的技能といってきたが、それに対応させるとすればこれは生態的技能と呼んでもいい。山アテが景観の重なりを眼という身体で認知し記憶する身体的技能である。それに対して、ヒロレがどのようなところに生育し、いつごろ採取すると都合がいいのかといった資源の生態や習性を知識としてもつことは生態的技能といえる。山を知り歩き回れる能力と自然知をあわせたものが生態的技能である。いずれも自然に対峙《たいじ》して自然から有用な素材を引き出す技術を構成する重要な要素である。

植物利用の多様性

ガマもまた重要な生活用具の素材として利用された。ガマは乾燥されて専用の編み道具で籠類を編んだ。栗拾いや茸採取は秋の農閑期の山仕事の帰りなどにおこなわれる。こうした山仕事には二種類の籠がガマで作られた。一つは腰につけるもので、小さな籠であり、これをタメッコと呼んでいた。もう一つは背負い籠でガマコシゴと呼んでいた。ガマを編むときに使う紐は、先述したヤマカゲの繊維で編んだ紐を使う。ガマもヤマカゲも雨にきわめて強いという特徴があり、山仕事には便利なものであった。

山村ではどこでも備荒食《びこうしょく》の知識があるものだが、栗谷ではクズボウラ（和名クズ）、シズラ（和名ワラビの生長したもの）、ヤーヤー（和名ウバユリ）などから澱粉《でんぷん》を採取したという伝承がある。三〇年前の栗谷でもすでに記憶の中にしかない知識であったが、記憶を再現すると次のようになる。ヤーヤーは五月ころは葉がまだ生長していないが、この時期に

図41　ガマを編んでガマコシゴを作る

谷や湿地でこれをみつけ採取する。ヤーヤーには二種類あって鱗茎《りんけい》がよく発達しているものと発達していないものがある。前者をオンナヤーヤー、後者をオトコヤーヤーといっていた。植物分類学的には同じものでも、民俗のレベルではしばしばもっと詳しくなったり、もっと包括的になったりする。採取したヤーヤーを唐臼《とううす》で挽《ひ》くか石の上で叩いた後、桶に入れる。すると含まれていた澱粉が沈澱する。この操作を何回も繰り返し上澄《うわず》みを捨てる。そして最後に沈澱した澱粉を乾燥して保存する。クズボウラでもシズラでも基本的は同じであるが、これらの根がよく生長していて澱粉を十分蓄えているかどうかの判断がなかなかむつかしい。

この澱粉採取の例でよくわかるように、備荒食としての澱粉であったが、採取から食物にするまでには長い過程があり、即時的に野生植物が役立つわけではない。まず民俗分類として、利用価値をみいだして（これは先祖たちがおこなってきたことだから、それを伝承しているかどうかということになるが）、次にこれを同定できるかどうかという知識が必要である。そして、これらの根や鱗茎が十分な澱粉を蓄えているかどうかの判断が必要である。そして、澱粉を採取する技術が必要である。この長い過程を経てやっと備荒食としての乾燥澱粉が手に入る。

この長い過程を経ることから、これらの採取が乱獲を必然的に抑制することになる。つまり、ヤーヤーは、オンナヤーヤーしかとらないし、一連の技術を習得しているものしか採取しないだろう。これは無意識ではあるが、ヤーヤーを利用することによって「保護」していることと同じである。

最後に一つだけとりあげ、いかに野生植物利用が繊細な自然に関する知識から成り立っていたかを示してみよう。栗谷の農家の納屋に入ると大きな魚を獲るタモ網がみつかる。タモ網には長い柄がついている。六月や七月に小さな河川が氾濫《はんらん》するほど大水がでることがある。この大水の時、河川の魚は流されないように岸辺による性質があるという。栗谷での河川の魚といえばアユ、アマゴ、イワナそしてウグイであるが、大水以外のときは人の姿をみれば隠れてしまって、容易には獲れない。大水のときは、人間の姿はみえないし、魚は岸辺に寄っているので、この大きなタモ網で掬《すく》いとることができる。これを栗谷では「ニゴリスクイ」と呼んで、魚を獲っていた。

さてこのタモ網であるが、タモ網をつける丸い大きな枠はヒビ（和名イヌガヤ）でできている。適度な太さで同じような大きさの分枝したヒビをみつけて、これを枠にする。二つの枝の先を丸くして結びつければタモの枠ができる。しかし、こうした道具を作るには、日常的に里山やブナ林で、タモ網を作るのにふさわしいヒビをみつけておかなくてはならない。何がどこにどのように生えているか知っていなければ、こうした道具は作れないわけである。里山やブナ林のなかの樹木の二股の状態まで知り尽くしているということこそが、生態的技能であり、それはなみなみならぬ自然に対する造詣《ぞうけい》なのである。しかも、こうして野生植物を利用し続けても、対象となる植物が絶滅することなく存在し続けてきたことに着目すれば、「保護」や「許容」といった関係を通して人と自然はつながっていたわけである。

近代化と里山

こうしてみていくと、本章の最初のところで、山村の人びとと野生植物の関係を「移植」「保護」「許容」「忌避」という関係行動で捉えなおすことを提唱したが、ほとんどの野生植物は「忌避」以外のカテゴリーになってしまう。では「忌避」される野生植物とは何であろう。それはもう水田や畑の内部に存在して、生産性を阻害する植物に限定されてしまう。農業の近代化は、水田内あるいは畑内の雑草除去のためにだけ農薬を使ってきたはずである。また機械化は労働の省力化を進めるものであったはずである。しかし、農業の近代化が、以上で述べたような農村生活における「移植」や「保護」や「許容」といった人と自然の関係性を破壊してしまうことになるとは誰も予想もしていなかったにちがいない。そして地球環境問題がこの数十年の間どんどん深刻になっていき、農耕地を含めた里山の再生こそがその焦点になることが明らかになってきた。どのように里山と人は関わってきたのか。里山の持続的な利用方法とはどのようなものであったのか。あるいは地先の海の利用とはどのようなものであったのか。そして何よりもどのような技術がそれらを可能にしていたのか。再び、異なるかたちで焦点が当てられることになった農村生活や漁村生活の身近な自然への人びととの対峙の方法の中にこそ再生への道程が隠されている。民俗学は人びとの生活世界の叙述を通して、人の「生きる方法」を提示してきた。ここまで叙述してきたことは、農業や漁業を生業としない私が、彼らの生活世界と自然との関わりがいかに深いものかを発見してきたものであったといっていい。

現在、モウソウダケやマダケが里山の山を登っている。マダケやハチクは外来種か在来種かわかっていないが、少なくとももっとも分布の広いモウソウダケは明らかに外来種であり、しかも人為的に移入した種である。近代化する農業以前の農耕生活にとってモウソウダケの有用性は論ずるまでもないであろう。農家の裏山の一角にあるモウソウダケやマダケが南から北へ「移植」という人為を経て、これほどの分布を示してきたとは誰が想像できよう。栄養繁殖のこれらの竹類は、地下茎《けい》を伸ばすことで広がっていく。地下茎の一部を切り取って、ムラからムラへ、町から町へ、数百年をかけてモウソウダケは人の「移植」という行為を通じて日本列島を北上し続けたわけである。

農業の近代化によって竹類を使う生活が変わった。そして、竹の栄養繁殖を制御する竹の根切りも伐採《ばっさい》も放置されることになった。当然の結果として竹類は猛烈な勢いで栄養繁殖を続け、竹は裏山からそのもっと奥の里山の雑木林やスギ、ヒノキの植林地へ侵入をはじめた。この光景が現在いたるところでみられる、竹が山を登っている姿である。この竹類の異常増殖に象徴的にみられるように、利用し続けることでこそ維持できる身近な自然がある。

食料自給率が米以外の農作物はきわめて低いのが日本の現在の農業である。戦後の林業政策の失敗も、花粉だけをまき散らす存在になりはてたスギの植林地をみれば明らかである。どうしてこのようなことになってしまったのかを考えなければならない。農業や漁業の近代化と環境保全の両立は可能かどうかが問われている。そのために民俗学はなにに貢献できるのであろう。少なくとも農業や林業の見直しに対しては、生業として農業や漁業あるいは林業をおこなってきた人びとの「生きる方法」としての技術の中にあるとすれば、それを提示できるのは民俗学でしかないことは確かである。

自然の持続的利用

植物生態学の立場から自然の保全を訴え、実践的な里山研究の第一線に立ってきた田端英雄さんは次のように述べている。「里山の自然は、農業や林業をみなおして田んぼや里山林を甦《よみがえ》らせる以外に、危機に立つ里山の生物を救えないことになる」と述べ、その方策については「なによりも里山林も田んぼも適度な利用をするならば、繰り返し利用できる持続的利用可能な自然であり、持続的に利用するならば日本の自然が保全できるという論理は魅力である」として「適度な利用」の必要性を説いている。そしてこの「適度な利用」に関して、「しかもその持続的利用のためのノウハウは、先人が築き上げた里山の技術や文化のなかにあって、いまならまだその技術・文化を継承することができるが、あと一〇年もすれば継承できなくなるであろう」と警告している（田端英雄編著『里山の自然』保育社、一九九七年）。この文章がすでに含意しているが、田端さんはいままでの農業や漁業や林業の近代化を主導してきた行政などの上からの改革を生態学者として信用していない。誰がこの危機に立つ自然を保全することができるのか。それは田端さんが述べているように、このノウハウはいままでこうした自然を利用してきた人びとの技術と文化の中にしかない。この技術や文化の中には自然の保全だけではなく人間生活そのものをも保全するものがあるであろう。それこそがまさに民俗学が提示し続けてきたものである。

自然を生きる技術――エピローグ

自然と生業の多様性

自然に対峙してそこから「生きる方法」としての技術を編みだし、農業や漁業という生業を営んできた人びとの生活世界をみてきた。それは機械化とか化学化とか単作化という欧米で発達した近代化とは大きく異なり、生業の多様性とか持続性というものに裏付けされた世界であった。しかし、そうした世界は衰《すい》微《び》の一途を辿り、農業や漁業に携わる人びとは日本では戦後減り続けてきた。それに伴って農村社会も漁村社会も大きく変貌し、食料自給率も米以外は減少している。しかし、そうだからといって必要な食料が減少したわけではない。日本以外の地域で農業や漁業がおこなわれ、どこかで食料が作られていて輸入しているにすぎない。食料を得るためにおこなわれている世界中の農業や漁業が、近代化した日本や欧米と同じような形で近代化したらどうなるのであろうか。自然の多様性が生業の多様性を担保し、生業の多様性が逆に自然の多様性を確保するような、もう一つの別の近代化の方法はあるのであろうか。その可能性こそが現在焦眉《しょうび》の問題であろう。

自然の多様性が生業の多様性を担保し、生業の多様性が自然の多様性を保証していくとき、生業と自然を媒介するのがすなわち技術である。技術のありようこそ問題である。水や空気や森林に代表される自然が無償のものではなく、対価を計上して環境経済学的に解くことは、効率一辺倒であった経済効率性を生態学的経済効率性へ問題をシフトさせた。しかし、それはどこまでいっても欧米流の技術を前提にした議論であって、技術のありようを根源的に問うものではない。

生業を通して自然をみていく、あるいは生業の中における人と自然の関係をみていくことは、技術というものを根源的に問うことになり、それは川田順造の提唱する「技術文化」とも深い関係をもっている（川田順造「三角測量による文化比較」『人類の地平から』ウェッジ、二〇〇四年）。今まで、中国海南島の農耕技術やエチオピア・コンソの農耕技術そして日本の漁民の山アテ技術、山村の野生植物利用技術をみてきたが、こうした自然に関わる技術とは何かということを最後に考えてみたい。事例として提示してきたそれぞれの社会の伝統的な技術を自然との関連の中で再定位してみる前に、私自身が現在考えている技術論の枠組をまず述べてみたい。

自然と人間は技術を介して関係をとりむすぶ。この自然と人間の交通手段としての技術は、その技術を保有する人びとの自然観や自然認識とも深く連関している。そのことを踏まえたうえで、著者は自然に関わる技術を次のように定義している。技術とは、道具（機械）と身体知と自然知の総和である。このことについては説明が必要であろう。道具や機械の説明は不用であろうが、身体知とは経験的に獲得された身体を使う技法である。今までの例でいえば、「山アテ」はその典型的な例である。

この「山アテ」の原理は説明可能なある意味で単純なものである。二つの細い棒を垂直に立て、それが重なる面の地上への投影は一つの直線になる。これを別の二つ細い棒でおこなえば、やはり地上への投影は一つの直線になり、先の直線との交点はただ一点である。この二つの棒に相当するものを風景の中から任意に取りだし、記憶する。この操作を一点につき最低二方向でおこなえば、海面上のあらゆる点は特定の風景の重なりで決めることができる。

これは一種の変換であるが、問題は原理ではなくその先にある。はたしてこうした視認方法による海上での位置確認方法はどの程度の正確さをもっているか。これは「海に生きる人びとの技術誌」の章の中で述べたように、「一分八間」の誤差も許されないほどの正確な身体的技法なのである。

身体的技能

漁師はあたかも海底をみてきたように、地先の海底の地形を知り尽くして漁船を操る。その操作の基本にあるのがこの「山アテ」である。琵琶湖《びわこ》のゴリ底引き網漁で説明したように、「山アテ」の三つの方法、「点的利用」「線的利用」「面的利用」の精度は現在のところGPS（Giographical Positioning System）より優っている。実は、琵琶湖の漁師たちは、このゴリ底引き網漁と同じ方法で現在琵琶湖で駆除すべき特定外来生物に指定されるオオクチバス（ブラックバス）、ブルーギルを捕獲している。沿岸から深さ一〇㍍内外のところをニッチ（生態的地位）とするこれらの魚種を、ある一定の面を底引き網を引いて駆除しようと思えば、ゴリ底引き網漁の方法がもっとも効率のいい方法である。この「一分八間」の誤差も許さない「山アテ」はまさに身体技法として存在している。この視認方法はまさに経験的な訓練によって獲得されていくものである。

もう一つの問題は、漁師は地先《じさき》で漁をするとしてどのくらいの海上の点を、つまり瀬を知っているのかということである。数ヵ所の瀬といったなまやさしいものではない。場合によっては数百というレベルである。これを記憶しておいて海上で揺れながら駆使《くし》できるということの技術は並大抵のものではない。つまりこの「山アテ」は視認と記憶の精度の身体技法といえるわけである。

自然知

さて次は技術を構成するもう一つの知識である自然知とは何を指すのか。それもすでに紹介した前章の野生植物利用はこの自然知の好例である。都市に住んでいたり、生き物に関心のなかったりする人びとにはなかなかわからないことであるが、海や山に生きる人びとというのは、野の博物学者といえる。都市の人が通学や通勤で出会う庭木や街路樹や道端の植物、あるいは鳥たちのどのくらいを同定できるか試してみるといい。驚くほど少ないものである。中国地方の山村である粟谷《あわだに》ではどのくらいの野生植物を同定できるのであろうか。これは男女によっても年齢によってもかなりの個人差がある。また山仕事が好きな人や生物が好きな人とそうでない人の差もある。けれども粟谷ではどんな人でもほぼ一五〇種類くらいは同定できる。中国の海南島のリー族の人びとやエチオピアのコンソの人びとはもっとたくさんの野生植物や栽培植物を同定できる。同定といってもこの場合の同定は植物分類学的な同定ではなく、民俗分類に基づく同定である。身の回りの自然とくに動物や植物をどのように分類するのか。これは、地域や文化によって異なり、それぞれの地域や文化で固有な民俗分類の体系をもっているのが普通である。植物分類学的な分類ではないからといって非科学的だという意味ではない。その民俗分類を共有している人びとなら、ある名前をもつ植物はいつも同じものを指示し採取できる。民俗分類そのものは、きわめて興味深い認識の問題をはらんでいるが、ここではこれ以上たちいらない。

この野生植物に関する知識は単に同定できるだけの知識ではなく、実践的な知識であることも大きな特徴である。これらの野生植物はほとんどの場合、生活にとって有用なものが多い。それは食物であったり、道具の素材であったり、建材であったりする。その実例は前章で示したとおりだが、カンスゲの例でわかるように、何がどこでいつ採取できるかというように単に同定できるのではなく利用を前提にした知識が要求される。そして、採取後は、乾燥方法、繊維を抽出する方法、それを編む技術というように道具として使うまでの一連の作業に対する知識がなくてはならない。

食物として利用する野生植物でも同じで、備荒食《びこうしょく》であったヤーヤー（和名ウバユリ）の澱粉《でんぷん》採取も興味深い例である。採取してから口に入るまでの長い過程とそれに伴う技術があってこそ利用可能な野生植物なのである。そしてそれはこうした知識を保有するものだけが利用できるわけで、無意識であるが、必然的に食物にふさわしいものだけが選抜されて無制限の採取に対する抑制を含んだものになっている。けっして野生植物の採取が食物として乱獲されて即時的に利用されるわけではない。さらに食物の場合は、資源としての自然から素材が抽出された後、料理法という知識が加わってはじめて食物になる。こうした採取から口に入るまでの一連の長い過程にともなう利用に関する知識を自然知というわけである。

身体知も自然知も物質的な文化ではなく、自然に関する知識として人びとがそれぞれの地域の自然との関わりの中で蓄積してきた眼にみえない文化である。膨大な身体知も自然知も、これを利用という目的に向かって実行しようとするとき道具が必要となる。しかし、今まで述べてきたような社会や文化では、身体知や自然知を具現化する産婆《さんば》役の道具は、比較的簡単で素朴なものが多い。このことがいわゆる物質文化的な観点から、技術として低いものにみえてしまう理由である。身体知や自然知を減少させ、客観的に系統立った一連の過程を道具に代替させる方向への指向をもつ文化もあるが、むしろ身体知や自然知を増大させることによって、比較的道具そのものが素朴なままとどまる方向を指向する文化もある。

技術と技能

ここで著者が技術と技能をどのように考えているかを述べておきたい。通常、技術というのは、目的に向かって客観的に系統立った知識の系列を操作することによって、誰がおこなっても同じような結果が出るものを指す。それに対して、技能とは通常、勘とかコツなど分解できない身体的知識であり、誰でも同じようにはおこなえないし、結果も大きく異なるものを指している。しかし、「海に生きる人びとの技術誌」の章の「山アテ」の例でもわかるように、「山アテ」はけっして勘やコツではない。これは身体知として長い経験と訓練で獲得されるものである。外部からは勘やコツと表現されてきたものだが、決して語義どおりのものではない。こうして簡単な道具が身体知と結びつくことによって、目的のものを採取する効率を高めてきた。道具と身体知を具現化するための知識の結びつきを著者は、身体的技能と呼んでいる。そして、道具と自然知を具現化するための知識の結びつきを著者は、生態的技能と呼んでいる。どちらも道具とそれを使う知識なのであるが、身体的技能はより身体知を、生態的技能はより自然知を使うものとして理解できる。

このように考えていくと、技術とは道具と身体知と自然知の総和であるといったが、技能を具体化するために最小の道具を技能の中に含ませるとすれば、技術は次のように言い換えてもいいことになる。つまり、技術とは、身体的技能と生態的技能の総和である。ただ、これは身体知と道具あるいは自然知と道具が一体化している場合に限る。著者が述べてきたような自然と関わる技術とは、通常は低い技術レベルにあると思われているエチオピア・コンソの農耕に伴う技術や中国の辺境の少数民族の農耕技術である。日本の場合も農業の近代化が始める直前のいわゆる伝統的な技術を指している。そうした世界では、道具は遅い回転運動や短い直線運動などを利用する単純なものが多い。

道具の変化

道具を「利用のために修正を施された物的環境の部分」であるとみなせば、この修正とは比較的単純なものが多いのが、農耕具や漁撈《ぎょろう》具の特徴である。そして、資源としての自然に働きかける行為は、「伐《き》る」「叩く」「掘る」「釣る」「入れる」「運ぶ」など基本的な動詞で表されるものが多い。したがって道具は手足という身体の延長として身体と一体化するようなものが多い。竿《さお》や網や斧《おの》や刀あるいは鍬《すき》や鋤《くわ》などをイメージすればわかる。こうした身体の延長にあるような道具は、自己と同一化に向かう道具である。それに対して近代が用意した道具は、自己から外化した自己を疎外する道具である。それは工業に典型的に具現するように、高速の回転運動と遠距離の直線運動を目指す大型の機械へと進んでいく。このあたりに、自然に関わる生業の技術と工業の技術の分岐点《ぶんき》があったはずである。この分岐点でもっとも重要なことは、身体と一体化した道具を低いレベルの技術とみなしてしまい、生業の技術をただ工業化することだけを近代は目指したことである。実は、身体と一体化した道具は、道具それ自身ではなく、それに付随する身体知や自然知が身体的技能や生態的技能のかたちで存在していたことが重要である。自己同一化に向かっていた道具は人間から外化し疎外する機械へと変貌を遂げると同時に身体知や自然知をも消滅させていくことになった。

今まで取りあげてきた社会や文化では、日本を除いて基本的に自給的生活がまず成り立つことが前提である。技術はつまり生計維持の生業技術として存在している。日本の山村や漁村も流通はあったにせよ地域的にはかなり閉じられた中で生活していた。こうした中で生産性を上げたり効率を上げるには、技術を構成している各要素を大きくするための努力が必要である。道具が変わらないのであれば、身体知や自然知を洗練したり高度化することにより生産性を上げていくしかない。すなわち、これは身体的技能や生態的技能を彫《ちょう》琢《たく》することである。彫琢することとは、自然に深く関わることであるし、自然の仕組みや秘密についての主として生き物のエスノサイエンス（それぞれの集団や民族がもっている在来科学のこと）の造詣《ぞうけい》を深めることである。しかし、日本の農業や漁業の近代化はこの身体的技能や生態的技能を不必要なものとしてきたため、これらを育んできた生活世界と自然とは乖離《かいり》してしまった。

技術の「革新」　さまざまな異なる文化や地域に経済を始めとしたグローバリゼーションが進行している。グローバリゼーションは、欧米の近代化と同じ道を他の文化に強要することでもある。農業の近代化や漁業の近代化はいち早く日本を席巻《せっけん》して、後戻りできないような事態にまでなっていて、もう一つの別の近代化への模索もないままに進行し、環境問題との関連でいえば深刻な事態になっている。この近代化を推し進めてきたのは、技術の革新であった。もともと生業の道具は身体的技能や生態的技能と一体化したものであった。これを引き離したのは、ヨーロッパを淵源とする川田順造のいう技術文化であった。

川田は、人間の文化のありようを自己家畜化と捉えることを容認しながら、異文化間での自己家畜化の比較方法を操作モデルとして提示している。このモデルは川田自身が調査してきた日本、アフリカのブルキナ・ファソ、ヨーロッパのフランスの三つを人類文化を考える素材としている。この三つの文化における技術文化の基本的な指向性の差異とは次のようなものである。

川田（前掲書）は、「フランスから抽出される技術文化のモデル（モデルA）は、まず二重の人間非依存への指向性によって特徴づけられる。この特徴は日本の資料に基づくモデルBの、二重の人間依存への指向性と対比してみると、一層明確になる」という。アフリカの指向をモデルCとして「モデルCに認められる基本的な指向性は、依存のなかのはたらきかけとして特徴づけられるだろう」として三つのモデルを提示する。

二重の人間非依存への指向性とは「個人的な巧みさに依存せずに、誰がやっても常に一定のよい結果が得られるように道具や装置を工夫すること」であり、「できるだけ人間以外のエネルギーを使って、しかもより大きな結果を得る」指向性である。それに対して二重の人間依存性への指向とは「機能が未分化の単純な道具を、人間の巧みさで多様に、そして有効に使いこなそうとすること」であり、「より良い結果を得るために、人間の労力を惜しみなく注ぎ込むことである」としている。モデルCは自然の猛威と王権という「自然と社会の両面での既存の状況に依存しながら、それに対してはたらきかけ懇願して、何とかしてもらう」ことを特徴として、技術の面では「ブリコラージュ（ありあわせのもので器用にやりくりすること）」を特徴とする文化であるとしている。

このことから川田はさまざまな事例を引き合いに出して、モデルAに「道具の脱人間化」、モデルBに「道具の人間化」、モデルCに「人間の道具化」への指向性を読み解いている。この技術文化の三つの指向性はあくまで指向性であって、ある文化がある指向性だけしかもたないということではないのは当然である。どんな文化もおそらく三つの指向性を内在させているにちがいないが、それが等価として内在しているのではなく傾向性の強弱として内在している。この先の人類学的検討を川田は「野生の思考」対「家畜化された思考」の対置、「概念」対「記号」の対置として展開し、三つの技術文化の特質を摘出している。川田の三つの技術文化の抽出は、人類史にとって技術とは何かという問題を考える上ではきわめて示唆的である。著者が提示してきた「技術とは道具と身体知と自然知の総和である」という考えと多くの点で交錯する視点である。ただ著者の場合は、技術を自然と関わる生業に限定しているので、かならずしも川田の提示しているものと整合的に対応しない場合がある。

道具と人間

「道具の脱人間化」とは、身体知や自然知と融合していた道具つまり身体的技能や生態的技能から、道具だけの革新に向かうものである。農業や漁業での近代化が、ヨーロッパ起源の近代化であり、日本はすでに席巻されてしまい、著者が三〇年前の野生植物利用でみてきた世界は衰弱してしまっている。海南島リー族社会では、まさに現在この近代化が進行している。エチオピアのコンソではこの近代化と現状ではかなり無縁の技術が生きている。「道具の人間化」とはまさに著者が提示している身体的技能と生態学的技能を彫琢する世界であり、自然と関わる生業では、おそらくこの技術だけが自然資源の持続的利用や自然の保全に有効性を発揮するにちがいない。川田のいう「人間の道具化」とは、著者の提示したモデルの中でいえば、道具がなくて身体知と自然知だけで自然に対処することであるが、野生植物利用は極端にいえば採集だけ考えれば、まさに道具は不必要であり、こうした事例はアフリカならずともいくらでもみいだすことはできる。山アテの身体的技能も釣る道具や小さな船が必要であるが、一本釣りにおいては核心をなす技術であって、まさに「人間の道具化」の最たるものであろう。

いずれにせよ、川田は行き着いた結論の一つとして「モデルAに顕著な〈創世記パラダイム（『旧約聖書』にみられる労働観や自然観、著者注）〉に基づく人類中心主義と自然の対象化と利用の行き着いた果てとして、現在私たちが直面させられている地球環境の破壊と近づく資源の枯渇がある」と述べる。つまりこれはヨーロッパを淵源とする近代的科学・技術への人類学的批判である。そして、モデルAのグローバル・スタンダードを見直し、モデルBやモデルCの再評価を主張している。この点では著者も同様の考えである。

さて、「暮らしの民俗自然誌」としていくつかの文化にみられる自然利用のありかたをみてきた。人間と自然の交通のうち、資源としての自然に関わるのは技術を介してである。この技術のありようから自然と人間の関わり方の多様性をみてきた。この多様性は、生業の多様性と自然の多様性との相互の依存関係から成り立っていて、どちらも非依存関係にはなり得ないものである。この資源としての自然とは、自然を観賞する行為まで含んだものと考えれば、私たちは自然と乖離した生き方をすることは不可能なことである。

自然を生きる技術

技術を通して自然と人間の関わり方に身体的技能や生態的技能が不可分なものであることは繰り返し述べてきた。最後に、この自然に関わる技術を自然の側からみるとどのようなものなのかを述べておきたい。もっとも広くみられる第一のパターンは「自然の原型的利用」である。本来、狩猟採集や漁撈の行為は自然が生産するものを人間が「横どり」することである。したがって、生産そのものは自然に任せるのがもっとも賢明な方法であり、対象とする生物の生態学的な行動や習性を損なうことなく、むしろそれを知悉《ちしつ》することによって「横どり」する。農耕生活にはそうしたものがなくなっているかといえばそうではない。粟谷の野生植物利用や海南島リー族の可食水田雑草の例をみればそれは明らかであろう。

自然利用の第二のパターンは「自然の変形的な利用」である。これは牧畜や農耕のもっとも基本的な技術であるドメスティケーション（栽培化・家畜化の両方をいう）そのものである。人間が作りあげた環境に動物や植物を馴致《じゅんち》させることであり、彼らの本来もつ生態学的行動や習性の一種の変形によって「横どり」の効率をあげてきたものである。動物や植物の家畜化や栽培化だけにとどまらず、盆栽・庭木・養殖・養魚など果ては闘鶏、闘牛、闘鶏、クモ合戦などに至る広い領域にみられる。生物の側からいえば人間によってニッチを変えた存在といえる。野生をたわめることによって成り立つわけであるが、これも身体的技能や生態的技能の必要なことはいうまでもない。

第三のパターンは、川田順造にならっていえば、「生物の脱自然化」といえばいいであろうか。著者は、技術の構成要素の中で道具（機械）だけの部分が突出し、身体的技能や生態的技能が失われる指向性に対応するものとして「自然の改良的利用」といっている。狭義のドメスティケーションは生殖過程にまで人間が介入して改良することである。長い歴史的過程によって選抜淘汰されたものは「自然の変形的利用」と考え、科学的な技術によって改良される栽培植物や家畜をこの例に該当させたい。生態系もニッチも無視され、もはや道具と化してしまったほど遺伝的な介入された生物は果たして自然といえるのかどうか。野菜も果物も肉も卵も、自然界から切り離され、工場で生産されるような事態は昨今では普通にみられる。だが本当にこの方法だけで地球上の食糧がいつか賄《まかな》えるようになるのであろうか。

人類史を、この生業の技術の側面からみると、一般的に技術の構成要素である道具の革新と、それに反比例して身体知と自然知の相対的減少としてとらえることができる。確かに道具の革新によって飛躍的に生産性を挙げることが可能になる場合がある。ただ、狩猟採集を維持するとか放牧地を確保するとか集約的農耕にならざるをえないほど人口が多いとかという条件によって、身体的技能や生態的技能は彫琢されてきた。このことを無視して、自然の資源に限りがあるのに、道具や機械の革新あるいは自然の改良的利用だけに頼って生産性を上げることは結局は破局に向かう気がしてならない。

あとがき

本書を脱稿し初校が出校したころ、ちょうど還暦を迎えた。「歩くこと」と「観察」することを主要な方法として、「人と自然の関係性」をそれぞれの地域で「生きる方法」として叙述――これがフィールドワーカーを志した私の野心であり、目的であった。吉川弘文館の『歴史文化ライブラリー』の一冊として何か書かないかという誘いを受けてから、もうかなりの年数が経っていた。ならば、節目の還暦に合わせて、「人と自然の関係性」を縦軸に、「歩き見て思考する」フィールドワークを横軸に、今までの調査と思考をまとめてみようと思った。

縦軸である「人と自然の関係性」では、生活者は技術を介してしか自然と関係を持つことができないことを、この本では主張している。この技術は、生活を成り立たせる生活や生業の技術のことであり、技術とは道具（機械）と自然知と身体知の総和であると考えるに至った。自然に関わる生業の技術とはこのような性格のものである。

横軸として選んだのは、「歩き見て思考する」ことを実践してきた地域である。ここでは現在も歩き続けるという意志の表明として、現在の調査から過去の調査へと時間的に遡及する配列方法を取った。プロローグで取り上げた中国雲南省をはじめ、中国海南島、エチオピアのコンソ社会、日本の漁村そして私の最初の調査対象であった日本の山村は、私自身の関わってきた社会の時間的な調査の閲歴そのものである。

これらの地域は、いずれもその時点では僻地《へきち》とか辺境とみなされていたところである。こうした地域の生活者の自然に対する態度は、およそ自然諷詠《ふうえい》や抒情《じょじょう》とはかけ離れたものである。それゆえにこそ、できる限り彼らの自然に向き合うときの技術や自然知を諷詠や抒情とは異なる方法で表現してきた。

時間的に古い調査は単独の調査が多く、最近の調査はいわゆる共同調査が多い。もちろん単独の調査といっても、現地の人はいうにおよばず多くの友人の配慮や援助があってのことであった。とくに名前は挙げないけれども大いに感謝していることを記しておきたい。この単独の調査も諷詠や抒情を拒絶してきたことと関係がある。一人だと他者との格闘でそれどころではない。

しかし、彼らの生活者としての「生きる方法」は、諷詠や抒情をいくら排除したり拒絶したりしても、それを排除できなく迫ってくるものがある。最近、こうしたフィールドワークで「生きる方法」を叙述してもしきれない残余の感情や感性を俳句に託すことを覚えた。中国雲南省のヤオ族の村の調査から、生涯駄句千吟と称して俳句を作り始めた。いくら還暦といっても、「筍《たけのこ》や歯に柔らかき耳順《じじゅん》かな」とおさまっているわけにはいかない。還暦を節目に新たな歩き方を始めようと考えている。

雲南省者米《ジエーミー》郷の大冷山《ダーロンシヤン》の山塊に抱かれたヤオ族の村で無季二句

藍《あい》染めて布青々と山暮らし

振り向けば風韻《ふういん》の山に夕陽かな

二〇〇五年八月

篠原　徹

著者紹介

一九四五年、中国長春市に生まれる
一九六九年、京都大学理学部植物学科卒業
一九七一年、同大学文学部史学科卒業
現在、国立歴史民俗博物館教授、総合研究大学院大学教授、博士（文学）

主要著書
自然と民俗　海と山の民俗自然誌　アフリカでケチを考えた　民俗の技術（編著）　中国・海南島（編著）

歴史文化ライブラリー
204

自然を生きる技術
暮らしの民俗自然誌

二〇〇五年（平成十七）十二月一日　第一刷発行

著　者　篠《しの》原《はら》　徹《とおる》
発行者　林　英男
発行所　株式会社　吉川弘文館
東京都文京区本郷七丁目二番八号
郵便番号一一三—〇〇三三
電話〇三—三八一三—九一五一〈代表〉
振替口座〇〇一〇〇—五—二四四
http://www.yoshikawa-k.co.jp/

印刷＝株式会社 平文社
製本＝ナショナル製本協同組合
装幀＝山崎　登

歴史文化ライブラリー

1996.10

刊行のことば

現今の日本および国際社会は、さまざまな面で大変動の時代を迎えておりますが、近づきつつある二十一世紀は人類史の到達点として、物質的な繁栄のみならず文化や自然・社会環境を謳歌できる平和な社会でなければなりません。しかしながら高度成長・技術革新にともなう急激な変貌は「自己本位な刹那主義」の風潮を生みだし、先人が築いてきた歴史や文化に学ぶ余裕もなく、いまだ明るい人類の将来が展望できていないようにも見えます。このような状況を踏まえ、よりよい二十一世紀社会を築くために、人類誕生から現在に至る「人類の遺産・教訓」としてのあらゆる分野の歴史と文化を「歴史文化ライブラリー」として刊行することといたしました。

小社は、安政四年（一八五七）の創業以来、一貫して歴史学を中心とした専門出版社として書籍を刊行しつづけてまいりました。その経験を生かし、学問成果にもとづいた本叢書を刊行し社会的要請に応えて行きたいと考えております。

現代は、マスメディアが発達した高度情報化社会といわれますが、私どもはあくまでも活字を主体とした出版こそ、ものの本質を考える基礎と信じ、本叢書をとおして社会に訴えてまいりたいと思います。これから生まれでる一冊一冊が、それぞれの読者を知的冒険の旅へと誘い、希望に満ちた人類の未来を構築する糧となれば幸いです。

吉川弘文館

〈オンデマンド版〉
自然を生きる技術
暮らしの民俗自然誌

On Demand
歴史文化ライブラリー
204

2018年(平成30)10月1日　発行

著　者　篠《しの》原《はら》　徹《とおる》
発行者　吉川道郎
発行所　株式会社　吉川弘文館
〒113-0033　東京都文京区本郷7丁目2番8号
TEL　03-3813-9151〈代表〉
URL　http://www.yoshikawa-k.co.jp/

印刷・製本　大日本印刷株式会社
装　幀　清水良洋・宮崎萌美

篠原　徹(1945～)

ISBN978-4-642-75604-4